朝日選書
1024

# 日本列島四万年のディープヒストリー

## 先史考古学からみた現代

森先一貴

朝日新聞出版

目次

図版　鳥元真生

# 日本列島四万年のディープヒストリー
先史考古学からみた現代

森先一貴

# はじめに

## ■日本列島四万年史のはじまり

二〇一九年夏、国立科学博物館（当時）の海部《かいふ》陽介《ようすけ》氏率いる研究チームが台湾から与那国島へ丸木舟で渡航するという実験を成功させたと大きく報じられた。ニュースをみて興味をもたれた方もいるのではないだろうか。私たちの遠い祖先である旧石器時代の人類が、日本列島にどうやって渡ってきたのか、その方法を明らかにすることが実験の目的であった。この実験は「帆のない人力による漕ぎ舟で、コンパスなどの道具に頼らなくとも、黒潮の強い流れを越えた渡海が可能である」ことを実際に示した点でたいへん重要だ。

約四万年前、大陸からの海峡間の航海を経て、日本列島に現生人類（ホモ・サピエンス）が渡ってきたと考えられることがこれまでの研究でわかってきた。この時期は氷期にあたり、寒冷な気候によって南北の極地に水分が固定されることで日本列島周囲でも海水面が今よりも低くなっていたため、いくつかの島々が互いにつながってはいたものの、大陸との間にはやはり海があった。現生人類はたしかにこの海原を越えて「古日本列島」にやってきたのである。

いまや日本列島にはこの四万年前以降の一万箇所を超える後期旧石器時代遺跡の存在が知られている。一万六〇〇〇年前以降の縄文時代遺跡に至っては九万箇所にものぼる。日本列島に住みつき始めた現生人類は、早い段階から地域ごとに異なる暮らしぶりをみせるようになり、縄文時代にはさらに地域性豊かな生活様式を発達させていったことが、遺跡の調査と研究を通じて明らかになっている。南北に長い日本列島では、地域によって気候環境に大きな違いがある。また、日本列島自体がプレートどうしのぶつかり合いでできた島ということもあって、急峻な山脈が発達して地域を細かく分断した。こうした地形環境に加え、列島を囲む海流や季節風のあり方が様々な降水パターンをつくりだし、小地域ごとに異なる自然環境を育んだために、それに適応する人々の生活様式は多様となったのだ。

このように、現生人類の日本列島史は、旧石器時代、縄文時代という文字を用いない先史時代から始まり、現在まで四万年に及ぶ。本書はこの四万年史を取り扱うものだが、単に通史的な歴史を示そうとするのではない。本書がめざすのは、先に述べたような今日までの調査研究成果をもとに、現生人類の列島への移住と定着の過程、気候や環境といった自然とのつきあい方、生活様式と道具の多様性、土器の発明、遊動生活から定住生活への変化といった歴史事象を考察し、またそこから私たちが抱える現代の諸問題の本質を明らかにするヒントを提示することである。

## ■先史時代から現代をみる意義

とはいえ、四万年前の人々の暮らしは現代とはまったくかけ離れたものだと考える人がほとんどだろう。たしかに、生活の仕方や住まいの様式、道具など、事物そのものを比較すれば共通点はほとんどみいだせない。

その一方、たとえば人の行動について考えてみよう。先史時代の狩猟採集民が獲物を探してとらえる際の思考と、私たちが昼食をとるために外出して店を探し食事する際の思考を、行動戦略という観点から比較すると、意外なほど共通点がみえてくる。時間は遠く隔たっていようとも、時代に関わらない普遍的な問題に抽象化して比較すれば、過去や伝統的生活を営む狩猟採集戦略には学ぶべき点が多いことに気づく。

またゴミ問題・衛生問題やご近所問題など、現代の私たちが抱える問題は、定住を始めた縄文時代の開始に淵源《えんげん》があると考えられる。定住化は、その背景がどのようなものであれ、自らの生活拠点を一箇所に限定することだ。旧石器時代のような少人数のグループからなる遊動生活では、ゴミや排泄物がたまったら別の場所に移動すれば済む話であったし、人間関係がこじれた場合はそのグループを離れ、親族関係のある別のグループに移るという柔軟な方法で解決されることもあった。ところが定住してしまうと、そうした解決策を取ることは難しくなる。いかに居住域から離してゴミの処理をするか、亡くなった人をどのように埋葬するか、よくよく考えておこなわなければならなくなったのだ。近隣の人と人間関係がこじれた場合はもっと面倒だろう。結局、その解決のために引っ越しという手段をとらざるをえないこともあるからだ。なじみのない定住村落へのいきなりの移住は簡単ではない。定住化の前後を様々な切り口から比べてみると、今日の諸問題の本質の一端がみえてくる。

さらには人と人とのつながりのあり方を比較してみよう。ここからも大切なヒントが得られる。二〇二〇年から世界に蔓延する感染症の猛威は、私たちの生活を一変させることとなった。感染症が世界を襲う前から、人と人とのつながりは薄れたといわれていたが、感染症の猛威がその速度を加速させたのだ。ところが、多くの人が人との対面的なつながりを奪われたことで心の平穏を保てなくなる事例が増えているようだ。いったい、先史時代以来、私たちの日常生活において人と人とのつながりはどんな役割を果たしてきたのか。対面的なつながりを失うとは何を意味するのか。この問題の本質を知るには、現生人類が社会生活をどのように営んできたのか考察する必要がある。

このように、先史時代の古くにさかのぼって、人の行動、人と人との関係、人と自然との関係を考えてみると、少しばかり歴史をたどるだけではみえない問題の本質に気づかされるような、目からウロコの話が出てくる。そして、人・社会・自然が絡みあって紡がれてきた日本列島四万年の歴史は、世界的にみてどんな特徴があるのかについても考察しよう。それは、ともすれば「特殊」といわれる日本文化の本質を考えるにあたって、拠って立つ基盤を与えてくれるかもしれない。

先史時代と現代、どうしてこれほどの時間を飛び越えた比較が成り立つのか。二〇世紀のフランスでアナール学派と呼ばれる歴史学を牽引したことで有名な歴史家のフェルナン・ブローデルは、歴史は重層的な時間から織りなされると主張し、短期的に変化・変動する出来事の歴史に対して、人とそれを取り囲む環境との関係史については長期にわたって持続し緩やかにしか変化しないといった。たしかに、出来事史の整理だけでは、現代の社会に直接言及できるような発見は少ないだろう。古い歴史が今日にあまり関係しないという考えはこの出来事史の観点からすれば正しい。だが、長期に持続するような人と社会と環境との関係については、先史時代にまでさかのぼってみとおすことでそれがどのように形成され、どの程度持続しているのか、どこが変化したのかに気づくことができる。本書は、こうした長期持続の歴史に着眼し、はるか先史時代の深層から、生物としてのヒト、社会、文化、環境の関係を考察するディープヒストリーの観点を参考に、現代社会に生じている諸問題の本質について何らかのヒントを得ようとするものである。

## ■本書の構成

本書は、こうした「視点」や「論点」をわかりやすく示すことを目標とする。そのため、専門的な記述を手厚くすることを目的としていない。詳しい内容については研究書や研究論文などに譲りたい。また、同じ理由で、研究の取り上げ方も必ずしも網羅的ではないことを最初に断っておきたい。

さて、本書は四部構成を取る。

第Ⅰ部は「私たちはどこから来たか――歴史と起源」として、まず日本列島の地理や気候・環境の特徴を紹介しながら、現生人類がどこからこの列島に到来したのか、また定着後に育んだ先史時代の歴史と文化がいかなる独自性をもつようになっていったのか、日本列島文化の歴史と起源を確認する。

第Ⅱ部は「日本列島の人と文化――環境と適応」である。数万年の過去から、日本列島の各地に生きる人が周囲の環境とどのような関係をつくりあげていたのか、つまり長期に持続する歴史をみる。日本列島の四万年をみることで、日本列島文化の本質について迫りたい。

第Ⅲ部は「人類は〝進歩〟するか――身体と行動」を考える。ここでは私たち自身が直面する日々の暮らしの中の身近な問題について、私たちと同じ種に属する先史時代の現生人類がとってきた様々な行動が、現代にどのような示唆を与えうるかを検討する。

第Ⅳ部は「現代社会に何が起こっているのか――社会と観念」である。先史社会の人間と環境、人間と社会、人間の世界観のあり方を確認し、変化を遂げる現代社会の問題の本質がどこにあるのかを考察してみたい。

最近は、研究書や研究論文だけでなく、一般書籍をはじめとする様々な媒体で「サピエンス」という言葉をみかけるようになった。これはもちろん私たち現生人類、すなわちホモ・サピエンスのことを指したものだ。そこには私たち現生人類とは、人間とはいったい何かという、根源的で哲学的なテーマに直結する知的好奇心が働いていることはたしかだろう。

このような知的関心の高まりの中で、先史考古学が生みだす成果にも、これまで以上に高い関心が向けられると期待する一方、そうした知的関心にみあった研究成果とその発信がこれまで以上に求められる。私はつねづね、考古学とは現代社会に向き合う学問でなければならないと考えているが、それは考古学が明らかにした歴史をわかりやすく現代に伝えることだけではない。ここまで述べてきたように、現代社会の抱える課題そのものに何らかの気づきやヒントを与えるような考え方を提示することもできるはずなのだ。その一つの試みとして本書をお読みいただければと思う。

# 第Ⅰ部

# 私たちはどこから来たか——歴史と起源

## 1　私たちの由来

### ■アフリカを出た人々

「私たちはどこから来たのか」

これは誰もが抱く素朴な問いであろう。宇宙のはじまりから生命の誕生、人類の出現などのテーマについて生物学、人類学、考古学、物理学、惑星科学などが中心となって挑んでいる。私たち現生人類は生物学的にはホモ・サピエンス*Homo sapiens*という種である。この種がどこで生まれ、どのように地球上に広がり、日本列島にはいつやってきたのか、人類学・考古学・遺伝学の最新研究が多くの成果をもたらしている。

現生人類に限らず、現在、人類の出現と拡散の仮説として主流となっているのは出アフリカモデルである。二足歩行を始めた最初期の人類はアフリカで進化し、一〇〇万年前までにホモ・エレクトゥスなど、いわゆる「原人」と呼ばれる人々がアフリカで誕生しユーラシアに広がっていた。私たち現生人類（ホモ・サピエンス）は「新人」とも呼ばれ、約三〇万年前〜二〇万年前にやはりアフリカで誕生し、約二〇万年前〜一〇万年前には西アジアなど隣接地域に進出したのち、世界中に広がったとされている［図1-1］。

かつて、出アフリカモデルに、人類が世界各地で「原人」から独自に進化を遂げたと考える多地域進化説が対峙していた。人類学的・遺伝学的な証拠によってこの学説をそのまま受け入れることは難しい状況にあり、かつ、最近はアフリカから広がった現生人類（ホモ・サピエンス）が各地で旧人と交配していた遺伝学的証拠が増えつつある。

現生人類が広がった先の土地には、たとえばヨーロッパにはネアンデルタール人、中央アジアにはデニソワ人など、「旧人」と呼ばれる人々がすでに存在していた。インド中部のナルマダ渓谷やインドネシア・フローレス島のリアン・ブア洞窟では、ホモ・サピエンスが広がった当時、島嶼《とうしょ》適応により小型化したホモ・フローレシエンシスという「原人」の末裔《まつえい》が存在していたことが報告されており、現生人類の進出とともにそうした人々の姿が認められなくなることから、現生人類がこれら先住人類に置き換わった可能性がある。現在、そうした種の置換がどのような要因で起こったのかが、世界中で研究されているのである。

私たちの祖先のグレート・ジャーニーは複雑な歴史をたどっているらしく、これからも活発な議論が続くだろう。

## ■日本列島にやってきた現生人類

さて、世界中に進出を始めた現生人類のうち、東アジア東縁に到達した一派が日本列島に渡り、人類史の本格的な幕開けを告げたのは、およそ四万年前のことである。そのたしかな年代値をもつ遺跡のうち、日本列島最古の年代をもつ遺跡とされるのは熊本県熊本市石《いし》の本《もと》遺跡群の8区という地点と、静岡県沼津市の井《い》出《で》丸山《まるやま》遺跡である。

なぜ四万年前とわかるのか。考古学では遺跡の絶対年代を決める際に、「放射性炭素年代測定法」という自然科学的手法を用いることが多い。これ以降、本書ではたびたび炭素年代測定についても触れるのでここで簡単に原理を説明しておこう。自然界の炭素原子には重さが異なる$^{12}C$、$^{13}C$、$^{14}C$という三つの原子が存在する。このうち、$^{12}C$が約九九パーセントを占め、$^{13}C$は約一パーセント、$^{14}C$は実に約一兆分の一だけ存在する。最も少ない$^{14}C$原子は放射性炭素と呼ばれるのだが、これは不安定な原子であり一定の速度で$\beta$《ベータ》線を放出して壊れ、窒素原子$^{14}N$に変化する。放射性炭素年代測定法は、この「一定の速度」で壊れていくという性質を利用する。$^{14}C$は食物網を通じてありとあらゆる生物の体内に保有されているが、生命活動が停止すると炭素を新たに取り込めなくなり、その時点から$^{14}C$原子の数は減少の一途をたどる。残された$^{14}C$原子の数がどれだけであるかによって、生命活動を停止した時期を算出することができるわけである。

この方法でおよそ五万年前までのものさしとして$^{14}C$を利用できる。約四万年前に本格的に始まる日本列島の人類史ではすべての時代をカバーできることになる。たとえば、旧石器時代遺跡を発掘調査すると、動植物の遺存体は分解されほとんど残っていないが、火を燃やした跡を示す炭

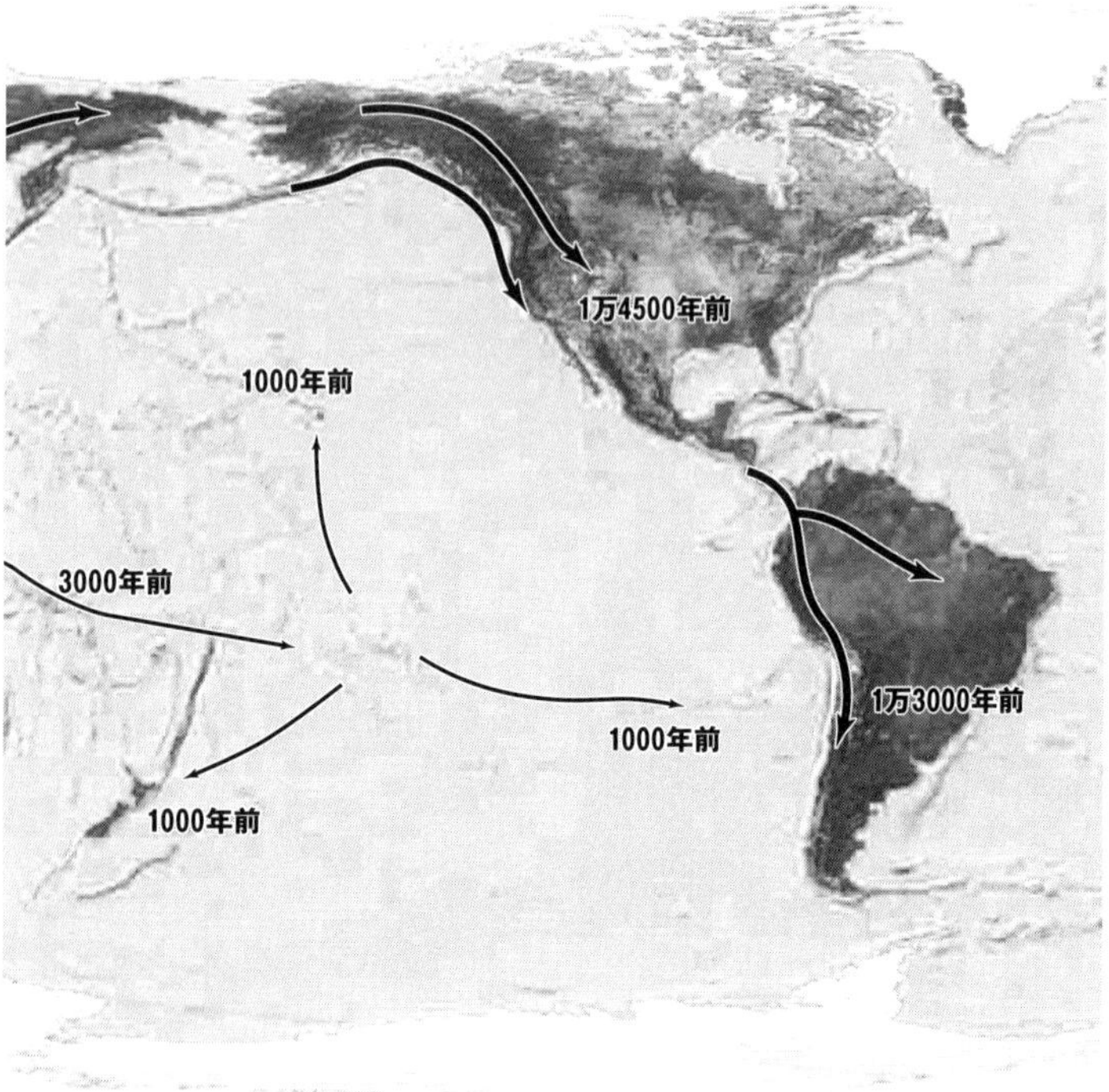
1万4500年前
1000年前
3000年前
1000年前
1万3000年前
1000年前

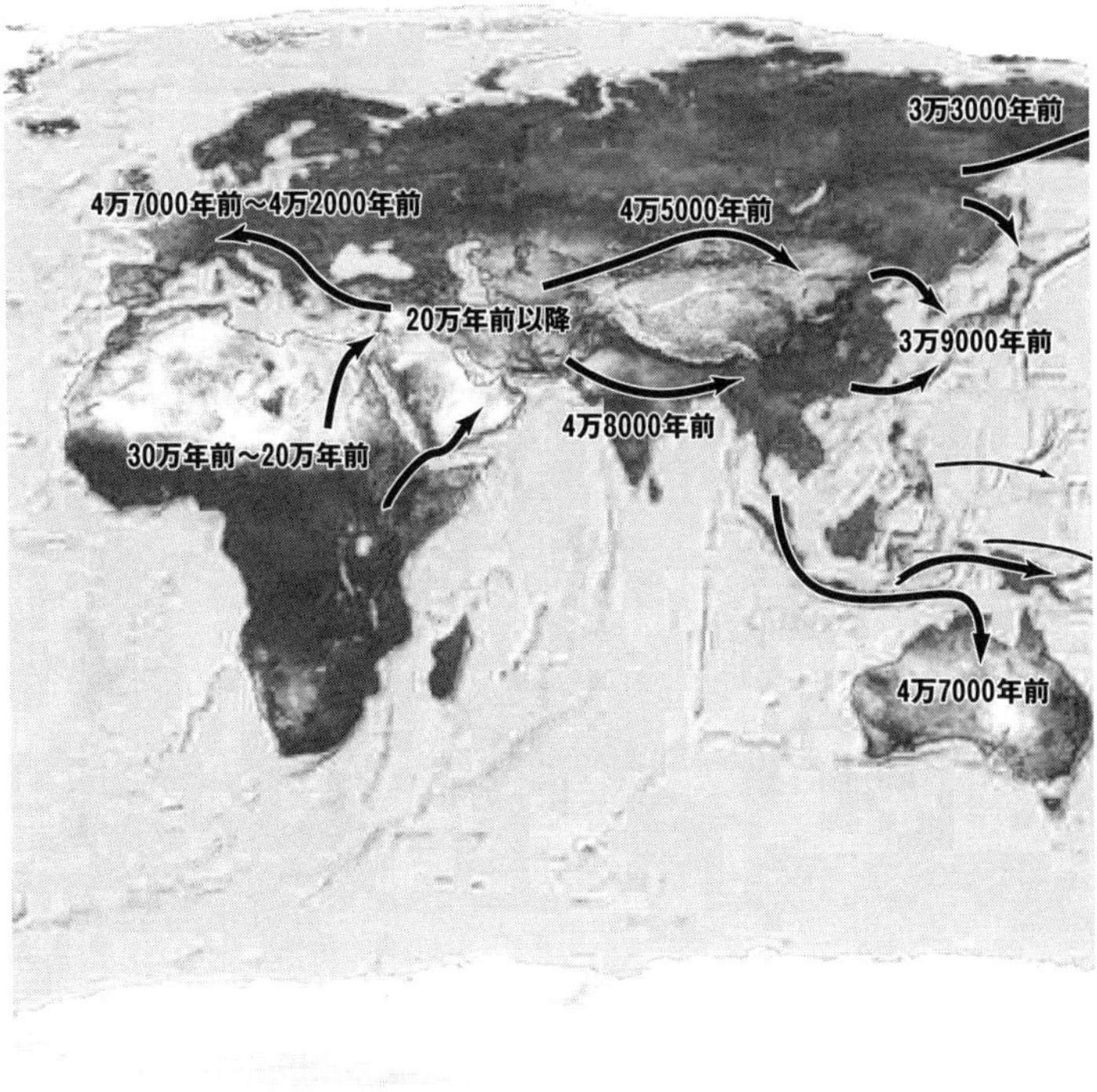


図1－1　現生人類がたどったと考えられるルート（著者作成）
東アジアやオーストラリアへの現生人類の拡散は、これらよりもさらに早い時期に起こったとする説もある。

粒の集まりがみつかることが多く、また出土した焼けた土などを手がかりに炉であることがわかれば、そこにも木炭が伴っているはずだ。これらの炭素の$^{14}C$は遺跡が残された年代や土器が使用された年代を示すと考えられる。

さて、石の本遺跡と井出丸山遺跡は、出土した炭化物の年代測定で三万九〇〇〇年前～三万七〇〇〇年前に残されたことがわかっている。これらの遺跡からは、その後、日本列島で広く使用される台形様石器（図2-3参照）が出土しており、同時に、中国北部や朝鮮半島などの同時期の隣接大陸に特徴的な、のこぎり歯のような刃部《じんぶ》をもつ石器（鋸歯縁《きょしえん》石器）も出土している。これは遺跡を残した人々がそうした方面との文化的なつながりをもっていたことを暗示している。日本旧石器学会が二〇一〇年に集計したところによると、旧石器時代全期間の遺跡の数の合計は一万箇所を超える。東北から九州で三万七〇〇〇年前以降の遺跡の急速な増加が認められるが、北海道では三万年をさかのぼる遺跡の存在は今のところ非常に少ない。北方の寒冷な環境であるためか、少なくとも本州以南ほどは人が住みついていなかったと考えられる。このことから、現生人類は最初、おもに日本列島の西側の大陸から移住し、その後、急速に列島中に広がった可能性が高い。また、南側の琉球列島では石灰岩が豊富な環境のため約三万七〇〇〇年前以降の人骨はみつかっているが、本州以北で使われる石器が認められず、両者に文化的な違いがあった可能性も指摘されている。琉球列島に最初に広がったのは、東南アジア方面からのやや異なる文化をもつ人々であった可能性もあり、遺伝学を含めた今後の研究に大きな期待が寄せられる。

いずれにしても列島に拡散した初期の人々は移動生活を営む狩猟採集民であったと考えられる。日本でみつかる旧石器時代の遺跡は、ほとんどが石器をつくった痕跡が残されているだけである。石器づくりは多くの場合、住居の近くでおこなわれたと考えられるが、付近から住居のはっきりした痕跡が発掘調査でみつかることはほとんどない。地面に穴を掘り込む竪穴住居は縄文時代以降に現れるものの、旧石器時代には発掘調査で建物の跡がうまく検出できないような簡素な住居しかつくらなかったとすれば、それは居住地を特定の場所に定めずに移動生活を送っていたことを示唆する。世界各地で伝統的な狩猟採集生活を営む（営んでいた）人々の民族誌を参考にすると、日常的に移動生活を共にした人々の規模は一五〜七五人、平均して二五人程度であったと推定できる。

## ■多彩な地域環境への適応

日本列島は地殻をなす岩の板（プレート）どうしが接することで起こる地殻変動が活発な環太平洋造山帯に含まれ、ユーラシアプレート、フィリピン海プレート、太平洋プレート、北米プレートがぶつかり合う地域にある。およそ二〇〇〇万年前〜一五〇〇万年前にユーラシア東縁部から切り離されて以降、長く複雑な地殻変動を経て、急峻な山々に特徴をもつ現在の列島の姿になったのである。地殻変動は現在も継続しており、地震や火山活動を引き起こす原因となっている。こうした地殻の運動によって、本州の中央に奥羽山脈や中国山脈などの大きな脊梁《せきりょう》山脈が発達し、太平洋側と日本海側を隔てている。さらにそれと並行するように四国山地や九州中央山地があり、北海道にも中央部を南北に日高《ひだか》山脈や天塩《てしお》山地が聳える。脊梁山脈に連なる大小の山地は、河川に刻まれながら複雑に入り組んでおり、平野部はそれらに囲まれて細かく分断され、盆地が発達している。六〇〇〇を超える島々があるのも日本列島の特徴であり、連なる島々の様子から、花綵《かさい》（＝花飾り）列島という美しい別名もある［図1-2］。

列島は北東から南西へと長く伸びるために地域には多様な気候条件が含まれている。その上、南北からの海流が島国を囲むように流れており、中でも温暖な黒潮に代表される海洋環境が、東アジアモンスーンの影響を受けながら、乾燥と湿潤を繰り返す季節性に富んだ気候をつくりあげている。しかも、地域によって降水パターンは異なり、湿潤期と乾燥期の訪れは様々である。こうした環境条件が日本列島に季節豊かで多彩な風景や景観を生みだした。

さて、日本列島に渡った現生人類は、槍先やナイフとして使われたナイフ形石器と呼ばれる道具や、刃の部分を中心に研磨して仕上げる石斧《せきふ》などの道具をはじめ、様々な生活道具を生みだしていく。これは狩猟の対象動物をはじめ、生活を営む上で利用する資源の幅の拡充が進められていくことに呼応したものだ。注目したいのは、石器の種類や形状、そのつくり方や使い方、移動生活のあり方は、旧石器時代の中でも地域や時期によって異なっていることだ。そのことを整理した研究では、現生人類が日本列島に到来して以降、先に述べたような小地域ごとに生活文化の細やかな地域性が育まれ、時代を超えて受け継がれていったことが明らかになっており［図1-3］、

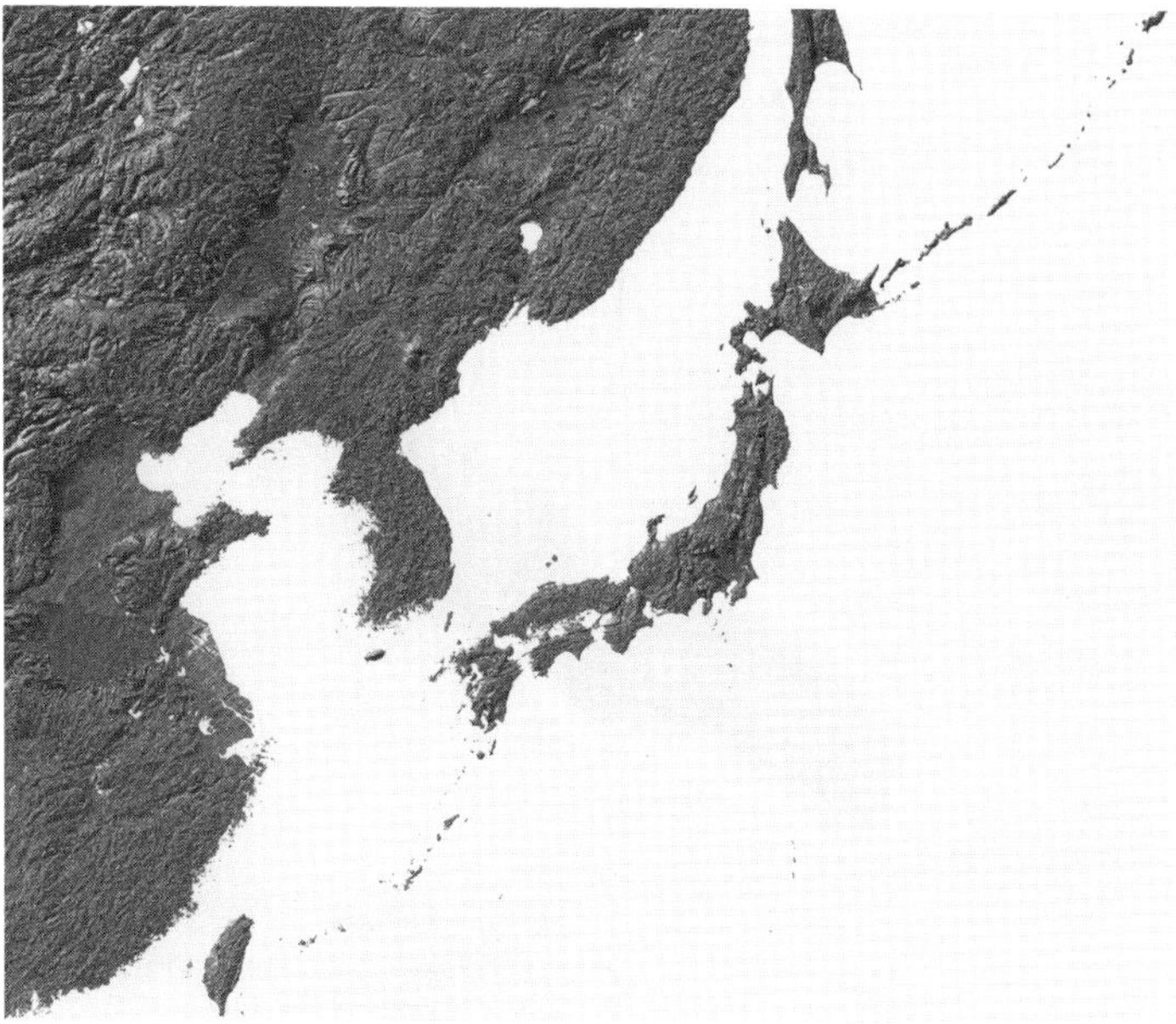

図1－2　花綵列島（地理院地図陰影起伏図（全球版）より）

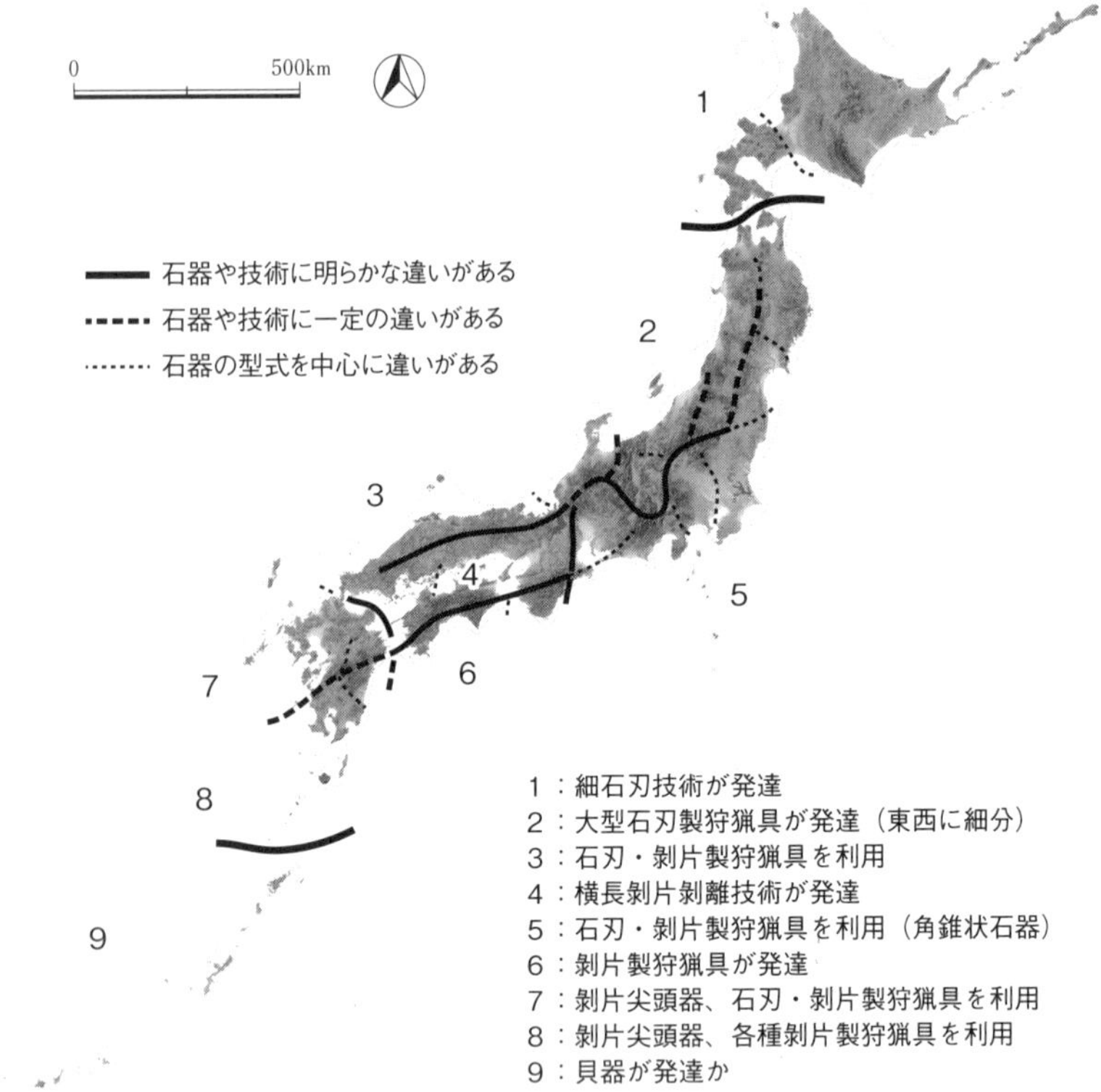


図1－3　2万5000年前～2万年前ごろ（後期旧石器時代後半期）の地域性（著者作成）

各地の気候や風土に適応したことをよく示している。こうしたきめ細かく鮮やかな生活文化の地域性は、世界広しといえども珍しい。約四万年前からの歴史をみても、日本列島の多様な環境が様々な地域文化を育んだ背景の一つであったことはたしかだといえる。

■列島四万年のディープヒストリーへ

日本列島のこうした特徴は、ユーラシア大陸の諸文化とは対照的である。大陸は大きな地殻の塊であるため、広大な範囲に一様の自然環境が展開することがほとんどである。地形の変化が乏しいことから日本列島のような細かな地域文化は成立しにくく、人や文化の往来も活発だったと考えられる。列島よりは広範囲に同質の文化が広がりやすい。旧石器時代に始まる歴史では、大陸では文化や国家の分布域は大きく、境界域はあいまいになりがちにみえる。学校の世界史でも習ったように、地中海世界からユーラシアの諸民族・諸国家は相互に活発に接触・交流・侵略を繰り返し、歴史も系統も異なる文化が入り乱れた。

自然や文化の成り立ちの経緯の違いは、自分たちの歴史に対する考え方そのものにも影響すると思われる。様々な文化が入り乱れた歴史をもつ地域では、何が自らの歴史なのか、人々の思いは様々なのではないかと想像する。近年、ヨーロッパを中心に「守るべき遺跡を市民自らが決める」という考え方が生まれているという。それは、単に市民主体で地域を守ろうという意識だけに発したものではあるまい。むしろ、様々な文化的・歴史的背景をもった人々が入り乱れる国家で、守るべき歴史を自らが選択する権利をもつことの主張でもあると感じるがどうだろうか。

一方、大阪大学名誉教授の都出比呂志《つでひろし》氏がかつて述べたように、私たちの多くは、日本の中で継起した歴史や文化、そしてそれを表す遺跡が祖先のものであることを、比較的自然に受けとめやすい。「異民族」や「異文化」なるものがこの国を席巻し、その歴史をすっかり書き換えてしまった経験をもたないことがその理由の一つだと指摘する。いうまでもなく、このような文化観を単純にあてはめられない問題があることが正しく認識されていないことにも都出氏は警鐘を鳴らしている。多数派の観点からする一国の歴史は、多面的な歴史の一つにすぎない。

いずれにせよ、日本に住む私たちの文化観が特殊なのかどうか一つを考えるにあたっても、日本列島における人類出現以降の長期にわたる歴史をふまえた上で、異文化との比較をおこなうことによってはじめてその出発点に立つことができる。数時間前のことを思い出すだけでわかる「現在」もあるが、数万年前からの歴史を知らなければわからない「現代」もあるのだ。それは身ぶりや方言、墓参りのあり方のようにとても身近なものから、日本文化の特殊性に関わるもの、そして健康問題、気候変動、都市生活、現代社会といった人類全体を巻き込むようなテーマまで多岐にわたる。この激動の現代に、数万年の歴史を振り返ることで得られる多くの実践的な指針があることを、列島四万年のディープヒストリーをひもときながらみていきたい。

【参考文献】

都出比呂志　一九八六「日本考古学と社会」『岩波講座日本考古学7　現代と考古学』岩波書店
松田陽　二〇一八「欧州における遺跡の保存・活用の動向について」『日本考古学協会第84回総会　研究発表要旨』日本考古学協会
森先一貴　二〇一〇『旧石器社会の構造的変化と地域適応』六一書房

## 2　日本列島の文化は特殊か

### ■ヨーロッパ中心の歴史観

世界の中でも日本の文化は特殊だといわれることが多い。和食や和装、芸能などの伝統分野だけではない。ガラパゴス化という言葉もあるように、最近のテクノロジーですらこの国では独特のものに仕上がってしまう。

この文化的な特殊性、じつは今に始まったことではない。それどころか、列島に現生人類が渡ってきた直後の後期旧石器時代から、日本列島の文化はかなり異質である。この章ではいくつかの事例でそのことをみてみよう。

ところで、特殊に対し何が標準かというと、二〇世紀中ごろまでは、ヨーロッパで考えだされた文化変遷や社会の進化が全世界に通用すると考えられていた。考古学的な文化変遷についても、当時ヨーロッパでいちはやく研究が進んでいたためでもあるが、それ以上にこの時期は、西欧列強がアジアやアフリカにおいて植民地獲得競争を繰り広げていたころであり、この帝国主義的な思想が世界の歴史観にも影響していたためであった。

かつて、ヨーロッパでは人類の文化は旧石器時代、新石器時代、青銅器時代、鉄器時代と移り変わってきたとされた。旧石器時代から新石器時代について時代は次のような変化をたどったとされる。寒暖の急激な気候変動が特徴的な更新世（現在の年代観では二五〇万年前～一万一〇〇〇年前）に含まれる旧石器時代には、狩猟を生業とした移動生活が主であり、打ち割りで石器をつくる打製石器の時代であるとされてきた。気候が温暖化・安定化した完新世（現在の年代観では約一万一〇〇〇年前）に、人々は定住して農耕や牧畜を開始するとともに、土器や丁寧に研磨してつくる磨製石器を使用するようになったといわれてきた。これが新石器時代だ。かなり最近まで、こうしたヨーロッパ流の文化変遷が根強く研究者の思考を支配してきた。

## ■世界史に修正を迫る数々の発見

ところが、日本での数々の発見は、この文化変遷観を大きく覆すものである。

たとえば「磨《ま》製石斧《せいせきふ》」。日本では刃の部分に研磨を施した磨製石斧が旧石器時代の遺跡から数多く発見されている。大きさは様々で子ども用の草履ほどの大きさから、ずっと小さな手斧状のものまである。その形は地域や時期によって違いがあるが、後期旧石器時代中ごろまで用いられる。磨製石斧の用途には諸説あるが、木の伐採・加工用と想定する研究者が多い。日本で最初に発見されたのは一九四九年、有名な群馬県の岩宿《いわじゅく》遺跡での発掘調査においてであったとみられるが、長野県日向林《ひなたばやし》B遺跡での大量出土もあり、いまや全国で数百点にものぼる例が蓄積されている［図2-1］。何より重要なのは、この磨製石斧が最初に出現するのが、日本列島に現生人類がはじめて現れた直後、約三万七〇〇〇年前の後期旧石器時代初めだということだ。ヨーロッパの文化変遷では、磨製石器が現れるのは新石器時代から。旧石器時代の磨製石器の発達は世界史の常識からは大きく外れるものなのである。

「土器の出現」もしかり。今から二〇年以上前になるが、青森県大平山元《おおだいやまもと》Ⅰ遺跡でおよそ一万六五〇〇年前〜一万五〇〇〇年前にさかのぼる土器が出土したと発表され、世界中の研究者を驚かせた。日本をはじめ東アジアはまだ寒冷期だった更新世に、土器を使う狩猟民がいたことになるからだ。まだ農耕や牧畜が始まる気配すらないころである。放射性炭素年代測定技術の進展によって、その後も同じような成果が陸続ともたらされた。しかもその分布をみると、北は北海道の大正《たいしょう》3遺跡、本州中央部では東京都前田耕地《まえだこうち》遺跡・御殿山《ごてんやま》遺跡、西は長崎県福井《ふくい》洞窟に広がり、日本列島の大部分でほとんど同時期に世界最古級の土器がつくられたらしい［図2-2］。現在では、ロシア極東や中国南部にも同程度の古さをもつ土器が現れていたと考えられている。

そこで、土器が出現した背景を知るために、初期の土器の用途を推定し、出現の背景を突き止めようとする研究が活発になっている。二〇一〇年代以降、イギリスのヨーク大学のオリバー・クレイグ氏、アレクサンドル・リュキャン氏を中心とする研究チームは、縄文時代初頭の土器に残る脂質の化学分析で、水棲《すいせい》生物に由来する指標がみつかったため、水産資源利用（たとえば魚

図2−1　日向林B遺跡の石器群（重要文化財、長野県立歴史館蔵、提供）

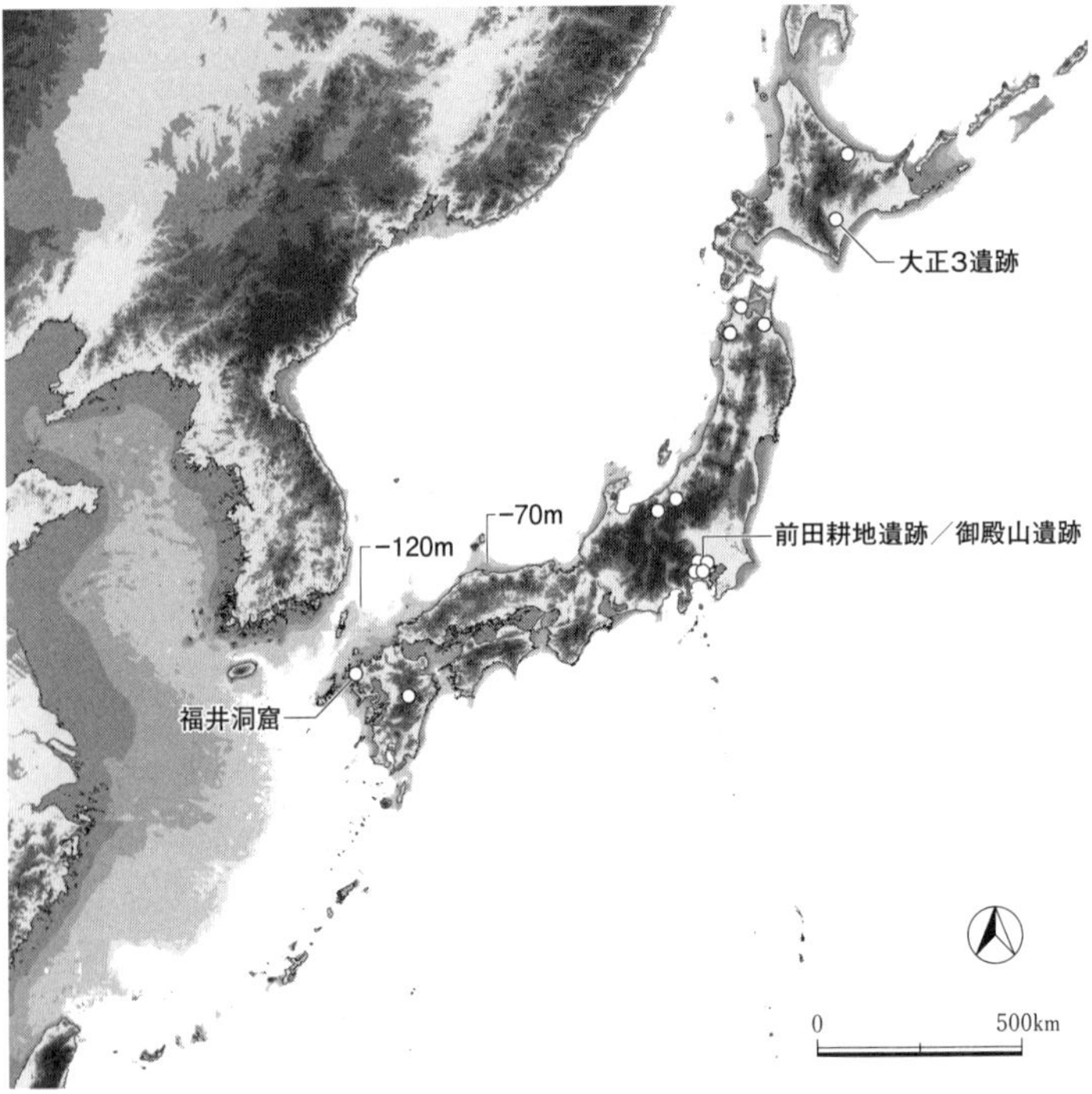


図2−2　日本列島最古級の土器が出土した遺跡の分布（著者作成）
アメリカ海洋大気庁の数値標高モデルETOPO1をベースマップとし、地理情報システムQGIS3.16を用いて作成。図中の数字は現在の海水準からのマイナスで示した海岸線の位置。

介類の調理など）のために土器が出現したと主張するが、果たしてどうか。私はこれほど多様な環境が広がっている日本列島一円に、同じ理由で土器が出現したというよりも、もう少し複雑な要因を考えたほうがよいとみている。少なくとも、東北日本と西南日本には旧石器時代以来、槍先など使用する道具から狩猟の際の行動まで、環境適応のための戦略に大きな違いがあるのだ。それに呼応するかのように、彼らの研究でも水産資源利用を示す指標が東北日本で顕著に認められるのに対して、西南日本ではその傾向が相対的に低いという結果になっていることは興味深い。のちほどもう少し詳しく触れるが、九州南部などでは縄文時代の初頭からドングリなどの堅果《けんか》類が豊富に採取でき、重要な食料となった可能性がある。実際にドングリや肉などをまとめて土器で煮炊きした証拠もあり、貯蔵穴もみつかっている。

ヨーロッパからみれば、日本という極東の島国はひとまとめに理解してもよいと思えるかもしれないが、日本列島の地理的特徴や自然環境の特質を理解していれば、そのような単純なとらえ方には危険がつきまとう。今後の議論にもよるが、完新世の新石器文化になって土器が出現するととらえる西側世界の考え方は日本列島には通用しない。日本と同じくらい古い土器が発見されているロシアや中国を含む東アジアを抜きにした議論はできないのである。

さらに、従来、ヨーロッパでは旧石器時代の終わりごろに広まるとされた「弓矢猟」も、日本ではいちはやく旧石器時代からおこなわれていた可能性を指摘する研究も現れた。

台形様石器という小さな石器がある。日本列島の後期旧石器時代前半、つまり約四万年前～三万年前に日本列島に広くみられる石器で、狩猟に用いたと考えられていたが、具体的な使用法はわかっていなかった。この台形様石器の破損状態に着目し、こうした破損がどのような使用法で生じるのかを実験的に調べた研究が二〇一六年に提出された[図2-3]。それによると、鏃《やじり》として弓矢の先端に取りつけて投射し獲物にあたって破損した可能性が高いものが含まれるという。鏃といえば縄文時代以降によくみられる三角形の石器が一般的であるから、弓矢猟の出現もそのころからとみるのが通説だったわけで、非常に挑戦的な仮説だといえる。今後ともその検証が進められていくことになるだろう。

図2−3　台形様石器復元品を実験的に弓で投射した際に生じた破損状況（佐野勝宏氏提供）
弓の投射速度では複雑な破損が生じることが判明した。

## ■特殊な文化の背景を探る

では、どうして日本列島では旧石器時代からこうした「特殊」な文化が発達したのだろうか。私はその大きな理由を列島特有の気候や地形、動植物の生態に求めることができると考えている。従来の世界の研究は、ヨーロッパや西アジアのように、おもに低平で広大、そして乾燥あるいは寒冷といった大陸的環境に生まれた文化を対象としてきた。日本列島はユーラシア大陸とは海で隔絶され、地殻変動によって山がちで起伏に富んだ地形を特徴とし、周辺を流れる海流の影響を受けながら温暖・湿潤な気候が多様性豊かな森林環境を育んできた。こんなにも異なる舞台では、それぞれに生活の技術が同じだったと考えるほうが無理がある。その進化のあり方も大きく異なっていたと予想される。

まず、森林が発達した地域では伐採具の必要性が高まる。大陸では建築材や道具の材料として、動物の骨や牙がうまく使われていたことが知られている。当然、木の利用もあっただろうが、場所によっては木は貴重な燃料材でもあっただろう。一方、日本列島の森林環境では、簡素とはいえ住居の建築に使用される建築材や様々な道具の材料として木材を簡単に利用できる環境にあるわけだから、これを利用しない手はない。そのための磨製石斧というわけである。

また、「弓矢猟が日本列島では世界史の「常識」より早く生まれ、発達したとしてもおかしくない。世界の民族誌にみる狩猟方法では、手投げや投槍器《とうそうき》を用いた投げ槍《やり》猟が、草原のようなひらけた景観においで集団でおこなわれることが多い。ひらけた景観では、対象獣に気づかれずに接近することが難しいため、離れた場所から群れる動物に槍を投げかける方法が有効だからである。一方、木々が林立してみとおしのきかない森林景観では、そうした大ぶりなモーションを必要とする投げ槍猟は難しい。むしろ弓矢を使って木の間を縫うような狩猟を個人単位でおこなうことが多い。とくに後期旧石器時代前半の日本列島は、氷期の中でも比較的温暖であったとされ、森林が発達していた地域が多かった。このような環境では弓矢猟が世界に先行して試みられていた可能性は十分にあるはずだ。

また、土器の出現を考えるにも1でも述べたような日本列島特有の環境条件はみすごせない。西アジアではコムギなどの野生穀類を集中的に食料とする生活において土器の使用が発達したが、山・川・海の多様で豊かな資源によって生活していた日本列島では、また違った理由とタイミングで土器の使用が始まっているはずだ。先に紹介したイギリスの研究チームのように、土器の出現の背景を水産資源利用に求めるというのは重要な研究成果であり面白い。ただし、日本列島全体でそういえるかはまだ慎重であらねばならない。先にも説明したように、列島内でさえ、環境ごとに土器を使い始めた背景は異なっていた可能性が高い。

■差異の根源を知ること

このように、日本列島での研究成果は旧来の世界史を大きく書き換えるような内容ばかりである。その背景には大陸とは大きく異なる日本列島特有の温暖・湿潤な森林環境があったと考えられる。

今後さらに、森林環境における人類文化の解明が進めば、土器の使用や定住の開始時期と理由、そして狩猟法の革新の歴史などは大きくみなおさなければならなくなるだろう。いずれも人類史の転換点として着目されている現象で、人類史の考え方そのものにまで影響する修正さえありうるのだ。

ガラパゴス諸島の観察記録で、ダーウィンがのちに生物進化論の大きな着想を得たように、日本列島はある種、文化進化の実験場のようだといえばいいすぎかもしれない。しかし、アジアの東端に浮かぶ島国には異文化からの接触が少なく、その特有の環境のもと、旧石器時代の古くから特殊な文化が育まれたことはたしかだ。ガラパゴス化というと最近では聞こえがよくないが、この特殊性に着目すれば、西洋中心に組み立てられてきた世界史の常識に挑戦しそれを相対化していくこと、歴史の見方を多角化していくことにつながるのだ。

しかし、日本列島の文化を「特殊」とみなしてしまうことの背景にも、やはり染みついた価値観があると思わざるをえない。特殊とは一般に普通と考えられているものに対する特殊なのだから。かつて、東京大学の藤本強《ふじもとつよし》氏は、一九九四年の著書『東は東、西は西―文化の考古学』の中で東西冷戦から説き起こし、地球規模でみられる東西の違いを歴史的に整理していく中で、東西差がきわめて長い歴史をもつことを旧石器時代からのディープヒストリーに基づいて指摘している。その上で東西差について、「これが今日あらゆる面での種々の摩擦の根幹に横たわっている。摩擦の根はきわめて深い。今日の世界は西側の世界で育まれた価値観が絶対的なものとして浸透している。しかしながら、東の世界の人々の深層には、東側の価値観が潜んでいて、時折現れ、西側の価値観とぶつかることとなる。(中略)それをもう一度みなおし、西側の価値観を絶対的なものではなく、少なくとも相対的な価値観にしていく必要があろう」(二七三頁)と述べた。様々な視点や価値観の違いが生じた由来を知ることで、「差異」を「優劣」や「差別」につなげない相互理解のかたちがあることを、この本は教えている。日本に住む私たち自身が自らを特殊な存在と考えてしまうこと、そのこと自体を歴史的な知見をふまえてもう一度考えなおしてみたい。

【参考文献】


大平山元I遺跡発掘調査団編 一九九九『大平山元I遺跡の考古学調査―旧石器文化の終末と縄文文化の起源に関する問題の探究』大平山元I遺跡発掘調査団

藤本強 一九九四『東は東、西は西―文化の考古学』平凡社

Lucquin, A. et al. (2018). The impact of environmental change on the use of early pottery by East Asian hunter-gatherers. *PNAS*, 115(31), 7931-7936.

Sano, K. (2016). Evidence for the use of the bow-and-arrow technology by the first modern humans in the Japanese islands. *Journal of Archaeological Science: Reports*, 10, 130-141.

## 3　土器と人類

### ■土のうつわ

私たちの日常生活には茶碗や湯飲み、皿、マグカップなど、食卓に様々な焼きものが並ぶ。もちろん、石、金属、ガラスのほか、木の容器もあるが、それらの材料を手に入れるコストを考慮しても、焼きものほど製作や取り扱いが楽とはいえまい。

とくに、焼きものは土鍋のように直接火にかけられることも利点だ。北米北西海岸の先住民は土器をもたず、木の容器に水を張って焼けた石を入れ、水を沸騰させていた。ストーンボイリングという食品の加熱調理法だが、木の容器の製作コストや、火力・加熱時間のコントロールという点では効率的とはいえない。また近代以前は、火にかけられるといっても貴重な金属を日用雑器にすることはほとんどなく、限られた人々に使用され、また儀礼など用途も限られていることが多かった。こうしてみると、土を材料とした焼きものは、材料の普遍性、製作の自由さ、使い勝手といった様々な面で優れているといえるだろう。

この優れた利器を日本列島の人々はいつ手に入れたのか。かつて、土器も大陸由来で列島に伝わったとされてきた。しかし、高度な文明はいつも大陸からやってくるという考え方は、いまや様々な事実によって否定されている。

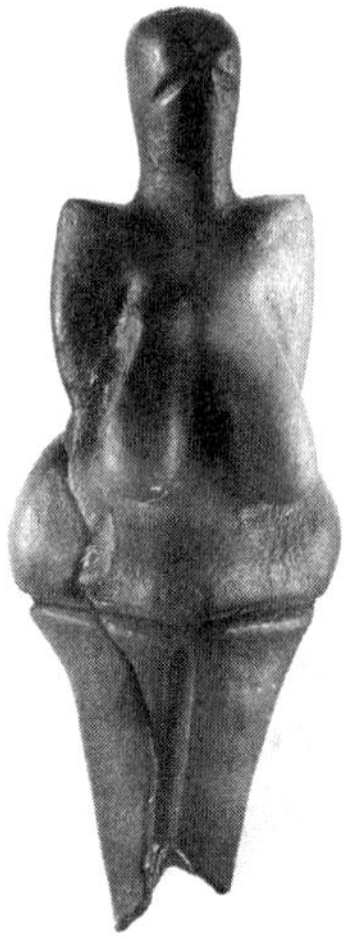

図3−1　ドルニ・ヴェストニッツェ遺跡出土の土製ヴィーナスの復元品（遺跡近くの資料展示室にて著者撮影）

### ■旧石器時代の焼きもの

話を世界に広げれば、焼きものceramicsの歴史は土器に始まるわけではない。粘土は可塑性が高く、石や木よりも造形は簡単だ。地面で火を焚けば周囲の土が硬くなるように、火が物性を変化させることを旧石器時代の人も熟知していたはず。そのため、焼きものそのものは旧石器時代からある。

三万年前ごろ、チェコ南東部からオーストリアにかけての中央ヨーロッパに広がったパブロフ文化に、焼きもののヴィーナス像があることは研究者の間では有名である［図3-1］。チェコのパブロフ遺跡やドルニ・ヴェストニッツェ遺跡の土製ヴィーナスはとくに有名であり、およそ三万一〇〇〇年前～二万七〇〇〇年前のものである（この時期にもそれ以降にも、ヨーロッパからロシア平原にかけてヴィーナス像はいくつも知られているが、たとえばオーストリア・ヴィレンドルフ遺跡のヴィーナスは石灰岩製であるし、その他の岩石で製作された像や、象牙でつくったものもある。焼きものだけが使われていたわけではない)。

クロアチアのヴェラ・スピラ洞窟でも、旧石器時代末期のエピ・グラヴェッティアン文化に属する一万七〇〇〇年前ごろの焼きものが報告されている。この洞窟は一九五一年に最初に調査されたが、焼きものは二〇〇一年と二〇〇六年の調査で出土した。粘土でウマかシカを立体的に象ったもので、最大でも三センチに届かない小さなものだ。ほかにも幾何学的な模様を施したものなどもある。旧石器時代における焼きものの人工物は、南東ヨーロッパにおいてははじめての発見だという。

このように焼きものの歴史は土のうつわ pottery よりはるかに長かった。しかし、土のうつわが旧石器時代から造形され、用いられることはなかった。おそらく、壊れやすく、移動の多い狩猟生活とは両立しにくかったからだろう。

## ■東アジアにおける土器使用のはじまり

ところが、世界的にみても東アジアの土器の出現はかなり早く、さらに日本列島での土器の出現は東アジアの大陸の土器と同じか、より古い可能性があることが近年の年代測定技術の発達によってわかってきた。2でも触れたように日本最古の代表例はおよそ一万六五〇〇年前~一万五〇〇〇年前の青森県大平山元Ⅰ遺跡で発見された土器である。ほぼ同時期のものとして、東京都前田耕地遺跡で出土した縄文時代草創期の土器（のちに述べるように、発掘調査は一九七六年～八四年だが、私たちの研究グループが二〇一九年に報告した年代測定では一万六〇〇〇年前～一万五〇〇〇年前の年代であることがわかった）、神奈川県北原《きたはら》遺跡（県北部の宮ヶ瀬《みやがせ》ダム建設時の調査でみつかった。おおむね前田耕地遺跡と同程度の古さの遺跡）で出土した土器、長崎県福井洞窟から出土した土器（もう少し新しいものと思われていたが、再発掘調査がおこなわれて、放射性炭素年代測定をおこなったところ、土器の出現は一万六〇〇〇年前にさかのぼることがわかってきた）がある。これら出現期の土器は破片でみつかり、その数からみて個体数は多くなかったとみられるが、まだ定住生活が確立していないころから土器の使用があったことは確実だ。

東アジア全域をみてみよう。中国では最初期の土器を早期土器と呼ぶ。華北平原で最も古い土器の年代は河北北部の于家溝《うかこう》遺跡で一万四〇〇〇年前ごろだが、普及するのは完新世に入った後氷期の約一万一〇〇〇年前からである。朝鮮半島では土器の出現はさらに時期が降る。一方、中国でも南方に位置する長江流域の仙人洞《せんにんどう》遺跡では二万年前にさかのぼる土器が出土したとされる。極東ロシアに隣接する中国東北部では、最近、黒竜江省の桃山《とうざん》遺跡で一万五〇〇〇年前ごろの土器片少数が出土したと報告があった。極東ロシアのアムール川中流域の最古の土器をもつグロマトゥーハ文化の土器は、私も参加する研究グループが二〇一七年に報告した年代測定では一万四〇〇〇年前ごろ、アムール川下流域での日露合同調査によればオシポフカ文化の最古の土器がやはり一万四〇〇〇年前ごろのものである。バイカル湖周辺の遺跡でも土器出現年代は今のところ同じころとする報告がある。

中国南部で日本列島より古い時期から土器の使用があったとの報告があるが、日本とは土器のつくり方や形状も異なっている。その他の地域に比べれば、日本列島の最古の土器は最も古い年代をもつ。いまや土器は日本列島でも独自に発生したと考えることも可能だ。先に紹介したパブロフ文化の事例などをみるにつけても、数万年の歴史の中で焼きものが世界各地で独自に発明されることがあったとしても、それほど不思議ではないのかもしれない。

■季節定住と土器利用の開始

先に、大陸では移動生活に土のうつわがなじまなかったため、一般化しなかったと考えたが、日本列島ではどうだろうか。大平山元I遺跡の時代、世界は温暖化を始めつつもまだ寒冷気候下にあり、人々は狩猟を中心とした移動性の高い生活を送っていた。移動生活と土器はなじまないはず。にもかかわらず土器使用が始まった理由は何か。この点についてはまだ謎が多いが、いくつかの遺跡にヒントがある。

東京都前田耕地遺跡は東京都の西郊、あきる野《の》市（旧秋川《あきかわ》市）にある。多摩川とその支流である秋川および平井《ひらい》川に挟まれたV字形の台地に立地している。当時の景観を復元すると、この地点の東側と南側、それぞれ二〇〇～三〇〇メートル先に川があった。現在では川の痕跡が約三メートルの高さの崖となって残っている。

発掘調査がおこなわれたのは一九七六年〜八四年。日本住宅公団の宅地開発事業に伴っておこなわれた広大な面積に及ぶ発掘調査で、縄文時代草創期だけでなく、縄文時代後期、弥生時代、平安時代および江戸時代の遺構と遺物が連綿と確認された。

縄文時代草創期にさかのぼる最古級の土器の出土だけでなく、この遺跡を有名にしたのは、六箇所の石器製作跡から五〇万点もの石器が出土したことだ。二つの住居跡とともに、当時の状況を生々しく伝えている[図3-2]。この地点は付近の川からいく度か水をかぶっており、その際に土砂で埋められたために遺物の位置や遺構が良好に保存されたらしい。しかも、この住居跡の一つからは数千点に及ぶサケ科魚類の歯や骨、クマやシカなどの哺乳動物の骨が回収された[図3-3]。日本列島は火山灰性の酸性土壌が特徴で、こうした有機質の遺物は残りにくいのだが、この遺跡から出土した骨や歯は高温で焼けていたために内部構造が変化し、分解されずに残ったのだ。

稀有な状態を保って出土した前田耕地遺跡の遺構、遺物が伝える当時の姿は次のようなものである。一万六〇〇〇年前〜一万五〇〇〇年前、温暖化しつつあったがまだ最終氷期の寒冷な気候が抜けきっていないころ、この地点を訪れた生活集団は、河川の合流点に小屋のような小さな建物を建て、その中や周囲で特殊な槍先を含む石器の製作とそれらの狩猟具への仕上げ加工などをおこなっていた[図3-4]。居住地の近くを流れる川には、秋ごろになるとまとまった数のサケ科左上：図3−2　前田耕地遺跡で検出された住居跡。わずかな掘り込みをもつ(17号住居、『縄文誕生』平成四年度展示解説、東京都埋蔵文化財センターより転載)
右上：図3−3　前田耕地遺跡の動物遺存体（中央にあるのがサケ科魚類の歯や骨、東京都教育委員会蔵、奈良文化財研究所提供)
下：図3−4　石井礼子氏画「前田耕地遺跡の復元」(国立歴史民俗博物館2009より、同館提供)

魚類（おそらくシロザケ）が遡上する。彼らはその機会を逃さぬように準備しているのだ。やがて群れをなしてのぼってきたサケ科魚類を一挙にとらえ、まとめて処理を施し保存加工したと考えられる。秋から冬は哺乳動物の狩猟も活発化する季節だ。前田耕地遺跡の周囲では、そうした陸上の哺乳動物狩猟もあわせておこなわれている。どうもこの集落は、季節的に居住して生活を営んだ集落であるようだ。遺物の量からみて、こうした活動が複数回おこなわれたとみられる。前田耕地遺跡ほど、この時期の人々の活動をいきいきと伝える調査事例はとても珍しい。

さて、問題は土器である。サケ科魚類の利用と土器がどのように関係するのかは不明であるが、遺跡から出土した炭化材の樹種同定によって復元された当時の植生は亜寒帯性の針葉樹や冷温帯性の落葉広葉樹からなるもので、当時は依然として寒冷な気候であったと推定されることから、土器は誕生の当初からドングリなどの煮炊きに使われたのではなさそうだ。2に述べたように、この遺跡では水産資源の利用と土器の出現が関係していそうにもみえる。しかしそれ以上に重要なのは、ある地点で一時期に大量に獲物を捕まえ保存食をつくるような生業を、スケジュールに組み込む生活が可能になったことではないだろうか。通年定住は難しいにせよ、移動生活からの一定期間の解放と土地への定着は、土器の利用を側面から支える重要なファクターであったとみられる。

大平山元Ⅰ遺跡では住居跡はみつかっていないが、遺跡の立地は前田耕地遺跡と同じような景観をみせる。これ以外にも同時代の遺跡では河川近くの似通った場所に集落を営むことが多い。

そうした地点で少数の土器が使われ始めていることは示唆的である。

## ■土器利用の定着

一定期間、定住しながらわずかな土器を利用するという姿は、一万五〇〇〇年前ごろに始まる温暖化とともに一変する。この時期になると、九州南部や本州の太平洋沿岸に竪穴住居をもつ集落が営まれ、多くの遺跡で多数の土器が出土するようになるのだ。

宮崎県南部の都城《みやこのじょう》市は大きな盆地に広がる街だ。この盆地の東縁にある王子山《おうじやま》遺跡でおこなわれた二〇一〇年の発掘調査で、縄文時代草創期の竪穴住居とみられる遺構四軒のほか、石を並べた遺構、土坑《どこう》（地面に掘った穴）、炉穴《ろあな》などが多数みつかった。注目すべきは、この土坑から炭化したユリ科の鱗茎類、コナラ属子葉などの食用となる植物遺存体が出土したことだ［図3-5］。縄文時代草創期の食料植物が直接出土した重要な例である。コナラのドングリは水漬けにするなどアク抜き作業が必要だ。石皿や磨石を使って果皮を取り、薄皮を除いた上で粉砕するなど、手間のかかる加工をおこなったとみられる。

種子島ではこの傾向がよりはっきりと現れている。海面がまだ低かった当時、九州本土の南に位置する種子島は、本土と陸橋でつながっていた。一万五〇〇〇年前の温暖化以降もまだしばらくこの陸橋は存在した可能性がある。種子島ではおよそ一万四〇〇〇年前〜一万三〇〇〇年前に残された縄文時代初めの集落跡がいくつかみつかっている。三角山Ⅰ遺跡はその代表例で、島の

図3−5　王子山遺跡出土の炭化植物遺存体。左端のものの大きさ、タテ1.9センチ（都城市教育委員会蔵、提供）

中央部、新種子島空港の建設工事に先立っておこなわれた発掘調査でみつかったものだ。ここでは二軒の竪穴住居跡とみられる遺構や、石を集めて調理したとみられる集石という遺構がみつかっている。粘土《ねんど》紐《ひも》による帯を土器の胴体に貼りつけて工具や貝殻で紋様をつけた隆帯文《りゅうたいもん》土器と呼ばれる土器の破片が数千点出土した。ほとんど完形に復元できた個体だけでも二〇個体に及び［図3-6］、先ほどの前田耕地遺跡や大平山元Ⅰ遺跡などとは比較にならない、活発な土器使用の様子がうかがえる。また、石器が多数出土しており、その中には、石皿や磨石など、ドングリなど堅果類の果皮をつぶして実を取りだしたり、実そのものをすりつぶしたりすることに使用したと考えられる道具も多い。

　王子山遺跡や三角山Ⅰ遺跡から出土した土器の内面には「おこげ」が付着していた。どのような食料に由来するかを調べた最近の研究では、動物質食料と植物質食料をごった煮していた可能性が指摘されている。

　このように、一万五〇〇〇年前ごろから起こった温暖化の

図3−6　三角山Ｉ遺跡出土の土器・石器（重要文化財、鹿児島県立埋蔵文化財センター蔵、提供）

結果、九州南部ではいち早くドングリなどの実る豊かな森が成立し、土器の使用頻度が急激に高まる。土器利用が定着したのだ。それまでわずかな個体しかみつかっていなかった土器がこれほど急速に広がったのは、貯蔵だけでなく加熱・調理なども可能という土器の柔軟な機能が、多様な資源利用にきわめて有効であると認識され、飛躍的にその価値が高まったためだろう。

■造形のキャンバス

このように、土器が重要な役割を果たすようになったのは、土というどこにでもある材料を使うという普遍性や、使い勝手のよさという生活のシーンへの柔軟な対応が大きな理由だろう。ただ、柔軟性だけが現在まで途切れることなく土器文化が継続してきた理由ではないと思われる。たしかに、縄文時代を通じて土器の器形のバリエーションは増える一方だ。さらにその後、壺、水がめ、鍋、鉢、皿、片口、椀、花瓶、茶入れなど、用途に応じてじつに様々な種類が生みだされてきた。とはいえ、これらの「機能」を果たすほかの素材でできた製品もあるのだ。

おそらく、土器が最も優れていたのは製作時の可塑性であろう。これによって土器は、人の造形の最も自由なキャンバスとなりえたのではないだろうか。火焰型《かえんがた》土器など縄文土器の造形にみられるように、土器は出現した時から現代に至るまで、人間の精神活動を表現する対象であり、作り手が思いのままにメッセージを込めることができたのであり、ある意味、社会的コミュニケーションの道具でもあったといえる。ここに持ち主の思惑が重なると、やがてそれは政治的交渉の道具にさえなる。唐物の茶器が文字どおり茶器である以上に、社交の道具であり、ある時には威信財として使われたように。

このようにしてみると、土器は単なる容器として重宝されただけではなく、常に身近にある道具として、人間が自らの心を反映する道具として重宝され、現代まで受け継がれてきたことを知るのである。

**【参考文献】**

物質文化研究会編 二〇二〇「特集 環日本海北部地域における土器出現期の様相」『物質文化』一〇〇

Morisaki, K. (2020). What motivated early pottery adoption in the Japanese Archipelago: A critical review. *Quaternary International*. Available online 10 October 2020. https://doi.org/10.1016/j.quaint.2020.10.006

## 4　日本の文化は大陸起源か

### ■ロシアでの新石器時代遺跡の発掘調査

日本列島の様々な先史文化は、どのように生まれてきたのだろうか。このことを具体的に考えるようになったのは、私がまだ大学院生だった二〇〇七年の夏、ロシア連邦極東部アムール川下流域のほとり、マラヤガバニ遺跡の発掘調査に参加したころからである。最初に少しその調査のことをお話ししたい。

この遺跡は新石器時代（日本でいう縄文時代に相当）のもので、日露合同で発掘調査したものだ。日本での発掘調査の経験はあっても海外での調査経験は、大学一年生の時に多くの先輩方に迷惑をかけながら無理やり参加させてもらったイスラエルでの発掘調査だけ。ロシアを訪れるのもはじめてで、右も左もわからない状態であった。期待よりもはるかに大きい不安を抱えたまま、大学の先輩や同期の仲間たちと現地に向かった。

新潟から空路三時間ほどでロシア極東の大都市の一つ、ハバロフスクの空港に着き、市街地のはずれの小さなホテルで調査準備のために数日滞在してから、調査機材なども積みこんだ小型のバスでロシア人メンバーとともに遺跡近くのスサーニノ村に向かった[図4-1]。楽な道ではなさそうだと覚悟はしていたけれど、運転手がかける大音量の音楽の中、リクライニングもない硬くて小さな二人用座席に年代学研究をしていた同期の仲間と並んで座り、でこぼこだらけのひどいオフロードを進む。車内でろくに眠れず揺られること二〇時間以上、おまけに途中で脱輪して立ち往生し、道端でテントを張ってウオッカを飲みながら一晩過ごしたりもした[図4-2]。

現地に着いてからも二週間の調査期間中は河畔でのテントキャンプ生活で、もちろん携帯電話も通じない[図4-3]。夜はロシア側の仲間とウオッカを楽しむ（?）以外は、ほとんど遺跡の発掘だけに向き合う日々だ。

調査では調理専属のスタッフがいた。食事には白身魚の切り身と野菜などが入ったウハーというスープと、グレーチカと呼ばれる蕎麦《そば》の実をふかしたものや粥《かゆ》にしたものがよく出た。グレーチカは最初こそ物珍しく食べていたのだが、決して「美味」といえるものではなく、頻繁に、しかも洗面器のようなサイズの食器にたっぷり盛られてくると、つらくなってくる。こういう時は、ケチャップをかけて味をごまかして何とかする。日本で食べる蕎麦がいかに工夫された食べ物か、などと冗談をいいあったりした。キャンプにはもちろん風呂もシャワーもないので、毎日目の前を流れるアムール川で水浴びをした。これが夏でもかなり冷たい。毎日水垢離《みずごり》をしている思いだ。洗濯もこの川でやるほかなかった[図4-4]。

左上：図4－1　アムール川とハバロフスクの街（2007年、以下この頁すべて著者撮影）
右上：図4－2　マラヤガバニ遺跡に向かう途中でバスが故障、やむなく道の傍らでキャンプを張る（道の右側のテント）
中：図4－3　アムール川岸の調査隊キャンプ。テントは基本一人一張。
下：図4－4　シャワーの代わりに夕方の冷たい川で沐浴

生活面だけではない。同じ考古学、同じ発掘調査でも、場所が違えば土も掘り方も発掘道具も出土する遺物も、何もかもが違い、すべてがはじめてみるものばかり。蚊や虻《あぶ》の多さには閉口したが（シベリアの短い夏にはものすごい数の蚊が繁殖のために襲いかかってくる）、マラヤガバニでの調査はとても新鮮で感動したのを覚えている。

このような調査なので、二十代でも楽ではなかったが、まったく異質な世界は楽しかった。その後も数回、夏には日本海に面した沿海地方のウラジオストクや、北海道の北に浮かぶサハリン島でも、発掘調査に参加した。サハリンでは川岸ではなく、オホーツク海に面する砂浜にキャンプを張った。冬には先輩たちに誘ってもらい、気温マイナス二〇～三〇度、凍れるハバロフスクやサハリンに出かけ、発掘記録を整理したり、出土遺物を分析したりして、調査レポートをまとめる作業に関わった。

ロシアの中央付近にあるノヴォシビルスクで研究仲間とおこなった資料調査も面白かった。アムール川中流域の石器や土器の分析のため、ロシア科学アカデミーシベリア支部のある同地に出かけた。こちらはアカデムゴロドクという学術都市にあり、空港に着いてからはタクシーを使ってそれほど苦労なく行くことができる。そこは日本ではほとんど知られていない出土資料の宝庫だった。詳しく調査をさせてもらい、新しい結論を引きだせた時の喜びは、何ものにも代えがたく思えた。

■石刃鏃文化はどこから来たか

ロシアの調査に参加させてもらったのは、この日本列島の歴史を、周辺地域の歴史を知った上でみなおしたいと思ったからだ。かの司馬遼太郎氏は、無節操にも思える大陸文化の摂取を通じて日本列島の文化がかたちづくられたといったし、第二次世界大戦前後の日本の歴史学界も、日本列島の歴史は大陸からの人や文化の大規模な移入でかたちづくられたと考えた。それがどれほど真実に近いのか、自分の目で確かめたいと思っていたのである。

日本列島の文化は本当に大陸起源のものばかりなのか。検討すべき対象の一つに、「石刃鏃《せきじんぞく》」という名の美しい石の鏃《やじり》を特徴とする先史北方狩猟民の文化がある〔図4-5〕。縄文時代に入ってまだそれほどたたない早期と呼ばれる時期、北海道の北東部オホーツク海に面した地域を中心に、八二〇〇年前ごろのわずかな期間、唐突に現れた謎の文化だ。その唐突さ、異質さゆえに、ロシア極東のアムール川流域から伝播したとされてきた。アムール川流域にはたしかに同時代に石刃鏃は存在する。本当にそこからやってきたのだろうか〔図4-6〕。

ここで石刃鏃について簡単に説明しておく。歴史教科書にも出る「石鏃《せきぞく》」は、あまり形の整わない石の欠片《かけら》、「剥片《はくへん》」をもとにつくられる三角形をした鏃で弓矢の先につけられる。一方、ここで扱う石刃鏃とは、「石刃《せきじん》」と呼ばれる細長く薄い石片を素材に用いて、石刃の周囲や表面を細かく削ったり打ち欠いたりして鏃の形に仕上げたものだ。普通の石鏃よりも長身で鋭く、貫通

上：図4－5　北海道に暮らしていた北方狩猟民が使った美しい石刃鏃（北海道千歳市キウス9遺跡出土、北海道埋蔵文化財センター蔵、提供）
下：図4－6　石刃鏃が出土した極東ロシアから北海道の主な遺跡の分布（著者作成）

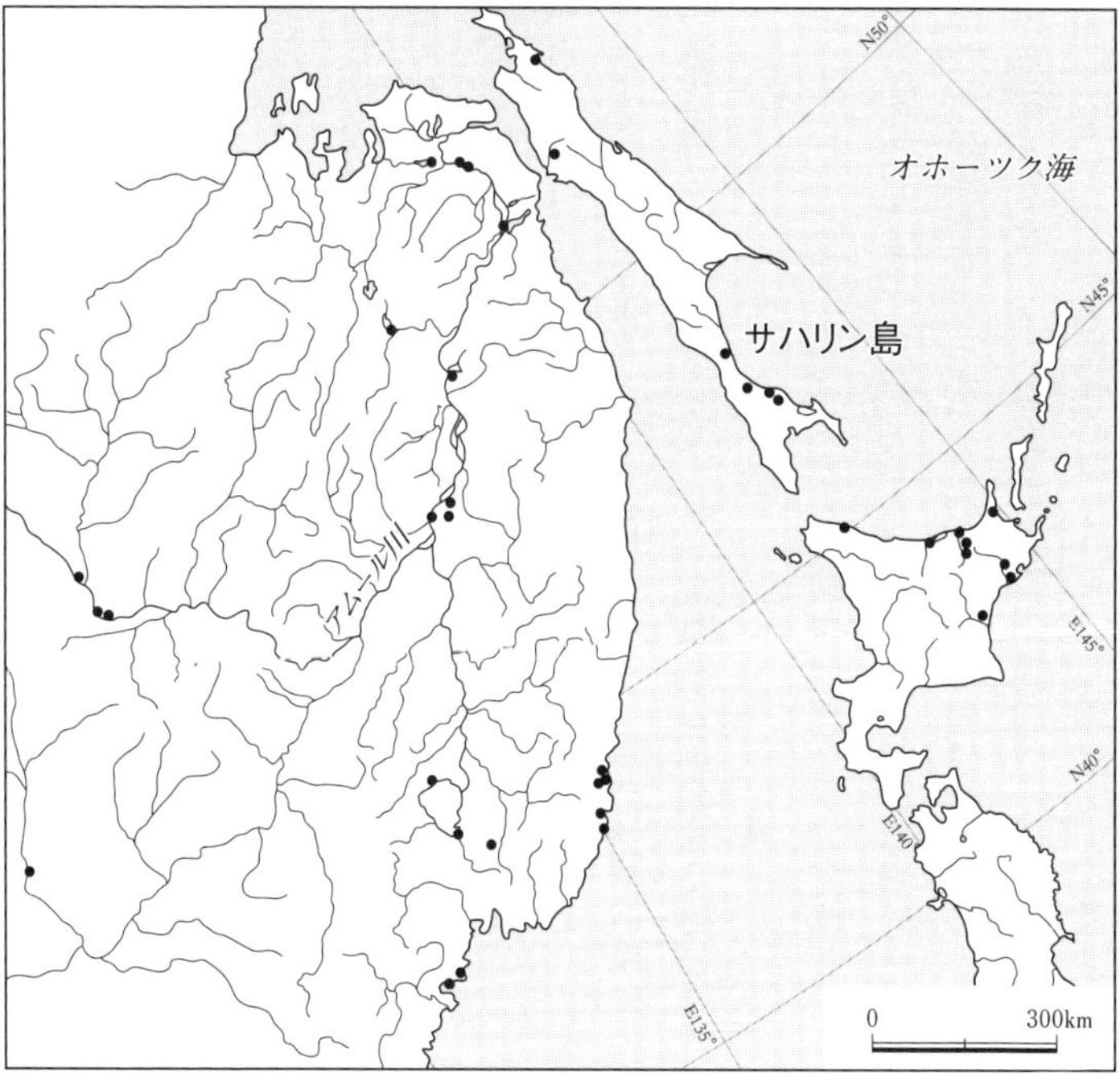

力や殺傷力も高いと推測する。

さて、本当に日本の石刃鏃をもつ文化が大陸からやってきたのならば、故郷のアムール川流域にも同じ鏃をつくる人々がいたと予想できる。しかし、ロシアで実際に発掘に参加し、資料調査を続けてみてわかってきた。大陸には、北海道の石刃鏃と同じ技術や形のものがほとんどみあたらないのだ。

図4-5に示すように、日本の石刃鏃は美しい黒曜石の巨礫《きょれき》からつくりだした石刃素材を加工するものだが、その特徴は片面だけを加工して柄につける基部をまっすぐ平らにするか、少し凹《へこ》ませてつくるところにある。これは柄で鏃の基部を押さえるように固定するタイプだ。これに対して、石刃鏃の起源地とされてきたアムール川の下流域でみつかる石刃鏃は、たしかに石刃を素材とするが、その基部に舌のような出っ張りがつく[図4-7右]。これは柄に差し込んで固定するタイプである。両者を比べると鏃のつくり方から、ひいては柄に固定する方法までが大きく異なっていることがわかる。

さらにアムール川を数百キロほどさかのぼった中流域ではどうか。先ほど紹介したノヴォシビルスクのアカデミーに資料が保管されている。日本で石刃鏃と紹介されてきたものは、たしかに石刃を用いて加工を施した狩猟道具なのだが、この地域のものは柳の葉のような形をしている。つまり基部もとがっていた[図4-7左]。その形からして、専門的には「尖頭器《せんとうき》」と呼んだほうがよいかもしれない。いずれにせよやはり北海道のものとは大きく異なる石器だと知った。

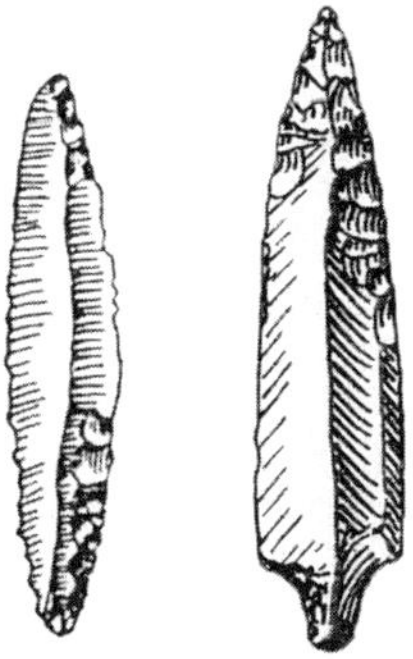

図4−7　ロシア極東の石刃鏃の例
右：コンドン遺跡（長さ5.7センチ）
左：ノヴォペトロフカ遺跡（長さ5.0センチ）

アムール川流域からずっと南に目を移してみよう。朝鮮半島の付け根から北東に進んだあたりの沿海地方の石刃鏃についても現地で調査をおこなったところ、北海道のものとよく似て鏃の基部は平らか少し凹む形に仕上げられているが、今度は石刃の両面を加工するものが多いことに気づいた。これは北海道のものと素材の形が違うことを意味する。北海道では黒曜石を使ってきわめて薄い石刃を量産するが、沿海地方は少し厚ぼったい石刃を使っている。この厚ぼったい石刃では鏃としての薄さを生みだすためには、片面だけではなくて両面を加工する必要があるのではないか。素材の形態を工夫するのではなく、加工の方法を工夫している点で、北海道のものとは考え方が異なるようだ。

しかも、北海道では石刃鏃を含めて石刃を素材にした石器でほとんどの生活道具をまかなうが、大陸側では石刃のほかにも磨製石器や剝片石器、細石刃など、多様な素材をつくる技術をもっていて、石刃を使った石器は生活道具の一部にすぎない。生活道具全般をみた場合にも、北海道と大陸側では大きな違いがあり、生活文化に違いがあったようなのである。

私は実際に現地調査をおこなっていないが、アムール川流域よりさらに北方にあるヤクーチアのアルダン川・レナ川流域に広がる先史文化にも、論文や書物を確認するかぎり、石刃鏃がたくさんつくられている形跡は認められないことも、最後に付け加えておきたい。

こうした調査研究を重ねていくうちに、アムール川流域や沿海地方など、かつて北海道の石刃鏃の伝播元とされた地域の資料からみて、大陸側には北海道と同じ道具を携えた先史文化は存在しないといえる、と確信するようになった。北海道の石刃鏃文化は、大陸からの大規模な集団移動で形成されたものではないことを石器が教えている。両地域には当時、生活文化を異にする地域集団が住んでいたのだ。

## ■八二〇〇年前の気候変動

ただし、北海道のすぐ北に位置するサハリン島は例外である。ここには北海道よりもやや早い時期、およそ八五〇〇年前に、北海道ときわめてよく似た石刃鏃文化が成立していた可能性があるのだ。私はこの文化が、あるタイミングで北海道に拡散したと思っている。そのタイミングとは八二〇〇年前ごろに起こった気候変動のことだ。

じつは、約八二〇〇年前には北半球で急激な気候変動イベントが一〇〇~三〇〇年ほど続いたことがわかっている。これを8・2Kイベントという。これはもともとグリーンランド氷床を対象にした気候変動研究でみつかったものだが、それがグリーンランドのような高緯度地域だけではなく、日本のような中緯度地域、さらに熱帯に近い低緯度地域からも報告され始めた。沖縄トラフの海底堆積物でもこの時期に冬季モンスーンが強化されて寒冷化イベントがあったことが指摘されている。この気候変動が人類に与えた影響は小さくなく、アナトリアやシリアでは同時期の人類文化に影響を与えたことが知られているし、ヨーロッパや西アジアの村々が崩壊したとの指摘もなされてきた。いまや南半球低緯度地域にまで影響が及んでいたと考えられている気候変動イベントである。

なぜそのようなことが起こるか。一説には、北太平洋が寒冷化することによってシベリア高気圧が強化され、反対に熱帯地方の低気圧帯は南下する。東アジアにおける夏季モンスーンは弱まり、冬季モンスーンが強まる。このようにして北半球高緯度で起こった気圧の変化がはるか遠くの地域に影響を与えていく。これをテレコネクションという。

汎地球的に影響をもたらした8・2Kイベントだが、北海道東北部を中心とした石刃鏃の出現・発達も、この寒冷化に応じてサハリン島の生活文化の一部が南に影響を与えた結果起こった可能性があるというのが私の仮説である。現時点のデータは、サハリンでおよそ八五〇〇年前に存在していた石刃鏃文化が、8・2Kイベントに伴い北方文化がより南方に影響を与え、サハリンから北海道東北部まで共通する石刃鏃文化圏を形成したというシナリオだ。大陸からの文化の伝播という枠組みではなく、気候変動をきっかけとする人と社会の動揺が背後にあったと考えられる。完新世におけるこうした半球・全球規模の気候変動イベントはほかにも確認されており、それが人類にどのような影響を与えたのか、現在も考古学的な追究が進められている。

この例一つをとってみても、日本列島の文化は大陸文化からの一方的な影響でかたちづくられてはいないことがわかる。かつて二〇世紀の日本民族文化起源論が基礎をなした歴史モデルは、今日的な観点とデータからみなおしていかなければならない。また、日本国内の発掘調査や研究が進んでも、周辺大陸での調査研究が同じように進んでいかなければ、こうした結論を得ることができない。日本の歴史を知るには外の世界を知らなければならないのである。

【参考文献】
大河内直彦 二〇〇八『チェンジング・ブルー——気候変動の謎に迫る』岩波書店
森先一貴 二〇一四「ロシア極東における石刃鏃を伴う石器群」『環日本海北回廊における完新世初頭の様相解明——「石刃鏃文化」に関する新たな調査研究』東京大学大学院人文社会系研究科考古学研究室

# 第Ⅱ部 日本列島の人と文化――環境と適応

## 5　気候変動と人類社会

### ■地球温暖化と気候変動

二〇一八年ごろから、世界の様々なメディアがスウェーデンの若き環境活動家、グレタ・トゥンベリさんの訴えを報じている。彼女は各国の代表を前に、経済成長ばかりに目を向け地球温暖化対策がなかなか進まない現状に怒りをあらわにしたのだ。

たしかに、気候変動に温室効果ガスなどによる地球温暖化が関わっている可能性は高い。超大型台風による大洪水や土砂崩れといった災害、温暖な海域に生息する生物分布の北上など、日本列島でもこのところ、地球温暖化が背景とみられる気候の変化が私たちを取り巻く環境に大きな変化をもたらしている。国連の気候変動に関する政府間パネル（ＩＰＣＣ）の報告は、二酸化炭素をはじめとする地球温暖化ガスは過去八〇万年間で前例のない水準まで増加しており、温暖化の原因が人間活動である可能性を九五パーセント以上とした。このまま温暖化が進めば、どこかで安定した熱循環にたがが外れたような大きな変化が生じる可能性はたしかにあるだろう。

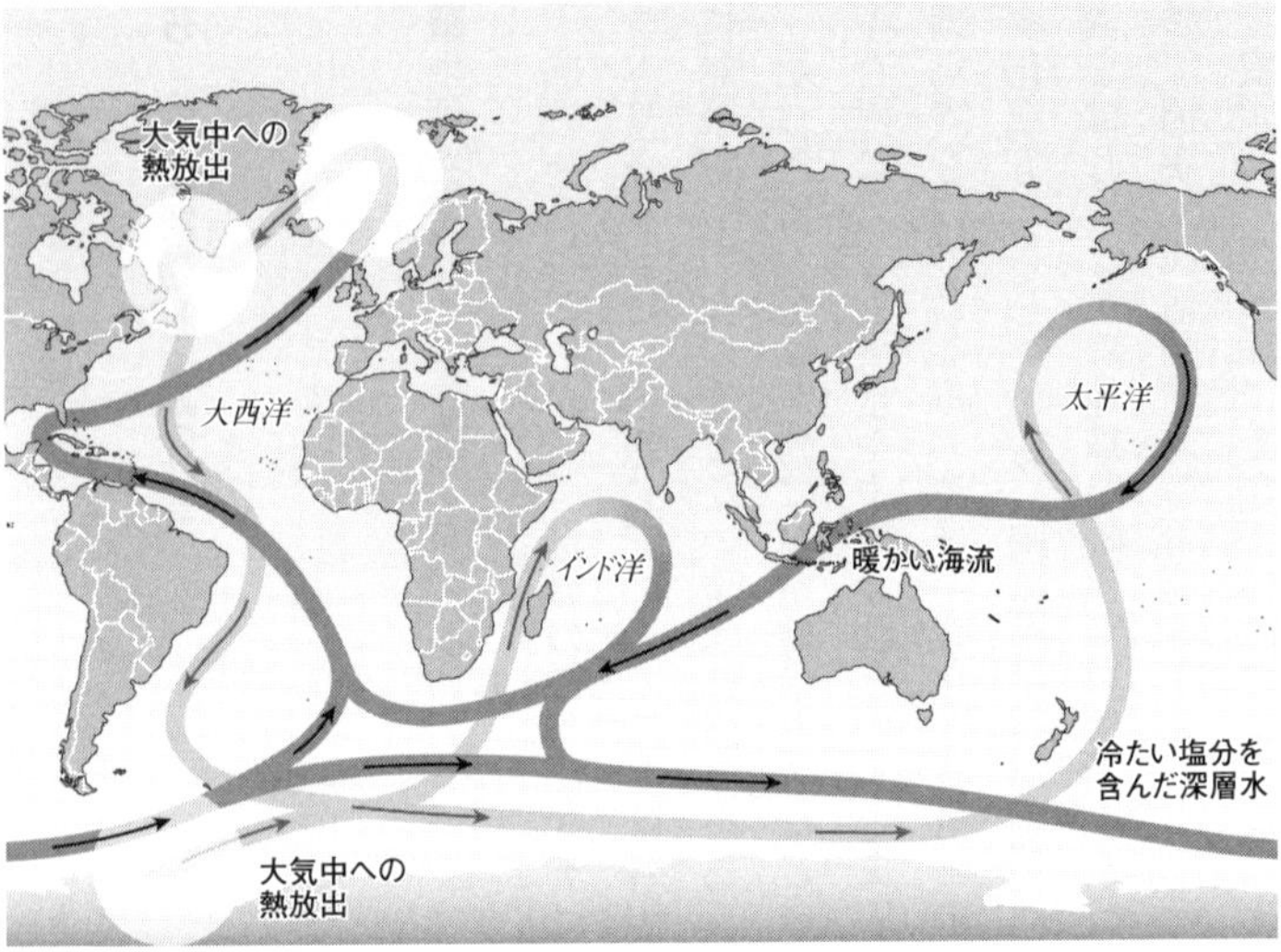


図5－1　海洋大循環（Climate Change 2001 より一部改変）
循環を表層（薄いグレー）と深層（濃いグレー）の二層に単純化して示したもの。

　ごく最近まで、私たち人類はこの地球上で自らを取り巻く環境とつきあいながら生存してきたが、その環境は決して一様ではない。この地球では、太陽から受ける熱、地球内部で生みだされる熱、そして地球の自転・公転が引き起こす力などによって、大気と海洋の大循環が起こっている［図5-1］。それに加えて、地球内部の力は表層の地殻変動の原因であり、これにより火山活動や地震が発生している。これらが複雑に絡みあって地球のあちこちに多様な地形・気候・環境が生みだされ、人間活動の背景となる環境をかたちづくり、また複雑に変化させてきた。

　地球外からもたらされる太陽からの熱さえも、これまでずっと安定していたわけではなく、絶えず変化を繰り返してきた。このことは、ふだんあまり意識しないと思うが、じつはこれが気候変動に大きく影響しているのだ。太陽との距離が一定であれば日射量に変化は生じないはずだが、地球の自転と公転はほかの惑星からの引力によって変化するのである。その周期は一万年〜一〇万年の単位で変化する（これをミランコビッチ・フォーシングという）。これが日射量の受けとめ方にも影響することで、先に述べた大気や海洋の循環に変化をもたらすわけだ。さらに大陸上にある氷の塊である氷床は、日射の強弱によって拡大縮小して海面の変化を引き起こす。海面が上昇すれば陸地の面積も小さくなり、逆もまたしかりというわけである。

## ■過去に起こっていた急激な気候変動

じつは、すでにこれまでにもたがが外れたような変化があった。それを、ドイツ人の海洋地質学者ヘルマット・ハインリッヒによる発見から紹介しよう。この発見に関して東京大学の横山祐典《よこやまゆうすけ》氏が解説するところによると、ハインリッヒは資源探査などのために海洋底に鋼鉄の筒を打ち込み堆積物を取りだす「ボーリングコア」を解析する研究者であった。ある時、彼は北大西洋外洋の海底ボーリングコアの中に時折大きな石の塊があることを発見した。この岩屑《がんせつ》は遠く離れた陸地に由来する玄武岩であることがわかったのだが、外洋にこうした岩石が運ばれるのはいかにも不自然である。ハインリッヒは、これはおそらく何らかの原因で陸域の巨大氷床が部分的に崩壊して海洋に流れだし、その氷床の底に付着した岩石が、氷床が溶けていくにしたがって、海底に落下したのではないかと考えた。こうした岩屑の堆積層は最終氷期（約七万年前〜一万年前）の間にいく度も存在したことが明らかになった。

海洋の大循環 Great Ocean Conveyor を提唱したウォーレス・ブロッカーは、ハインリッヒによるこの報告に着想を得ながら次のことを提唱した。最終氷期にいく度も起きたこの巨大氷床の崩壊によって、氷によって堰き止められていた内陸の淡水が海洋大循環の起点であると考えられていた北大西洋に大量に放出されたことで、循環が弱まってしまったと。地球上の熱循環に大きな役割を果たしていた海洋大循環が弱まったことで、北半球に急激な寒冷化が起こったというのである（ハインリッヒ・イベント）。

これはたがが外れたような気候変動の一例である。

じつは私たちの生きる完新世が始まった約一万一〇〇〇年前より以前には、驚くほど頻繁に、しかも急激な気候変動が起こっていた。話はグリーンランドに移る。グリーンランドは毎年降り積もった雪が押し固められほぼ全域が厚い氷床に覆われている。グリーンランドの氷には、当時の気候に関する様々な情報が含まれており、過去一〇万年分以上の気候変動が記録されている。氷床の記録を深層まで含めて取りだしたボーリングコアに含まれている酸素同位体比の変化を調べれば、気候が過去から現在にかけてどのように変化したのかを知ることができる。深層まで氷床を掘削するための技術的な課題を克服し、氷床コア研究が実現したのは二〇世紀後半以降のことであったが、それは以前には考えられないような事実を導きだした。

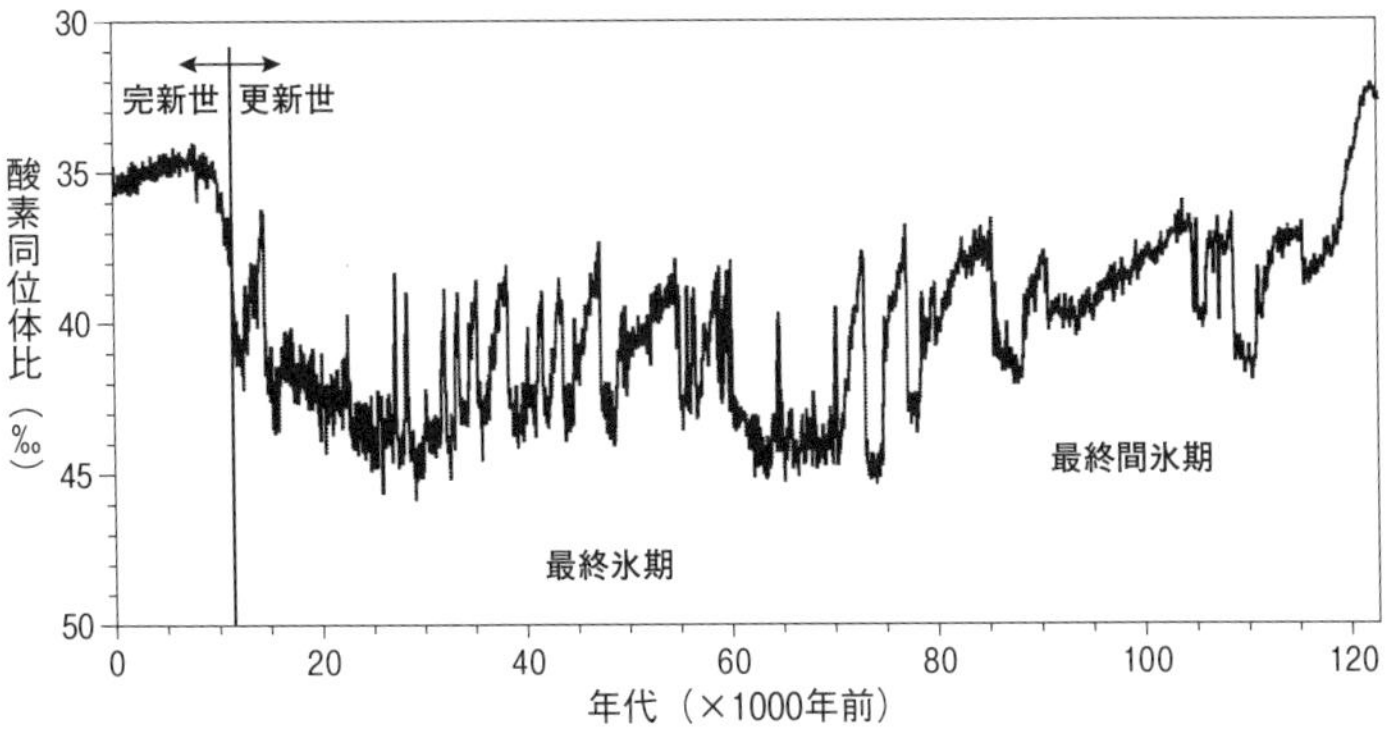


図5－2　グリーンランド氷床に記録された急激な気温変化（NGRIP project member 2004を元に著者作成）
氷期の気候は現在（完新世）に比べてはるかに不安定であった。

グリーンランド氷床のボーリングコアが明らかにしたのは、きわめて不安定で急激な気候変動の繰り返しであった。この変動の繰り返しは、発見者の名を取ってダンスガード・オシュガー・サイクルと呼ばれ、それまでの氷期のイメージを一変させた［図5-2］。一万年余り前から現在までの完新世は温暖で比較的安定した気候であったが、それ以前の更新世は、単に寒いだけの時期ではなく、急激な温暖化と寒冷化が唐突かつ複雑に繰り返すという、それまでまったく想像していない世界だったのである。

ここで紹介したのはミランコビッチ・フォーシング、ハインリッヒ・イベント、ダンスガード・オシュガー・サイクルであるが、こうした発見を通じて、過去の気候に対する見方が決定的に変化した。今日では、一層複雑な要因が絡みあって数多くの気候変動サイクルを生みだしていることがわかっている。人類が生まれた七〇〇万年前以降から一万年前まで、数えきれないほどの寒暖変動を私たちの祖先は経験し、そのたびに彼らの生活は大きな影響を受けてきたのだ。

## ■後期旧石器時代の人々と気候変動・環境変化

日本列島に話を戻したい。グリーンランド氷床ボーリングコアから明らかになった気候変動サイクルは、日本海の深海底堆積物の研究でも認められている。さらに、福井県三方《みかた》五湖の一つ水《すい》月湖《げっこ》には世界に誇る古環境情報が秘められていた。この湖には、直接流れ込む河川が少なく湖底での生物活動もほとんどないという特殊条件が備わっているため、湖底にたまった毎年毎年の堆積物がその後ほとんど乱されていない。このため、数万年にわたる最高品質の年代目盛りを提供するだけでなく、過去の気候変動に加えて周囲の環境変化を氷床ボーリングコアよりも詳しく記録していることから、世界的に注目されている。この水月湖底の堆積物の研究によっても、日本列島周辺においてはダンスガード・オシュガー・サイクルにおおむね同調した複雑な気候変動があったことがわかっている。とくに、グリーンランドの氷床コア研究でいうところの最終氷期のステージ3からステージ2への気候変動期にあたる約三万年前には、地球規模で急激な寒冷化や乾燥化（この変化のあり方は地域によって異なる）が進んだようだ。

しかもこの時期、九州南部で巨大な火山噴火が重なった。姶良《あいら》火山である。現在の鹿児島湾は姶良火山噴火によって形成された巨大なカルデラに海水が入り込んだものであり、桜島はこの巨大火山のカルデラに生まれた後裔の火山にすぎないというから、その巨大さがわかるだろう［図

5-3）。

姶良火山の噴火は、日本の火山噴火史でも有数の規模であった。噴火により降った火山灰は日本列島をすっぽり覆い、北ではロシア連邦の沿海州沿岸の海底、南は琉球列島の宮古島近海の海底、西は中国大陸の山東《さんとう》半島でも認められている。火砕流が流れくだった範囲のみならず、有史時代の記録に照らしても、火山噴出物が日射をさえぎり地表の温度を低下させたであろうし、降灰は地表で植生のあり方を大きく変化させた。この時から、広く列島に針葉樹林の拡大が進んだことが花粉分析などからわかっている。

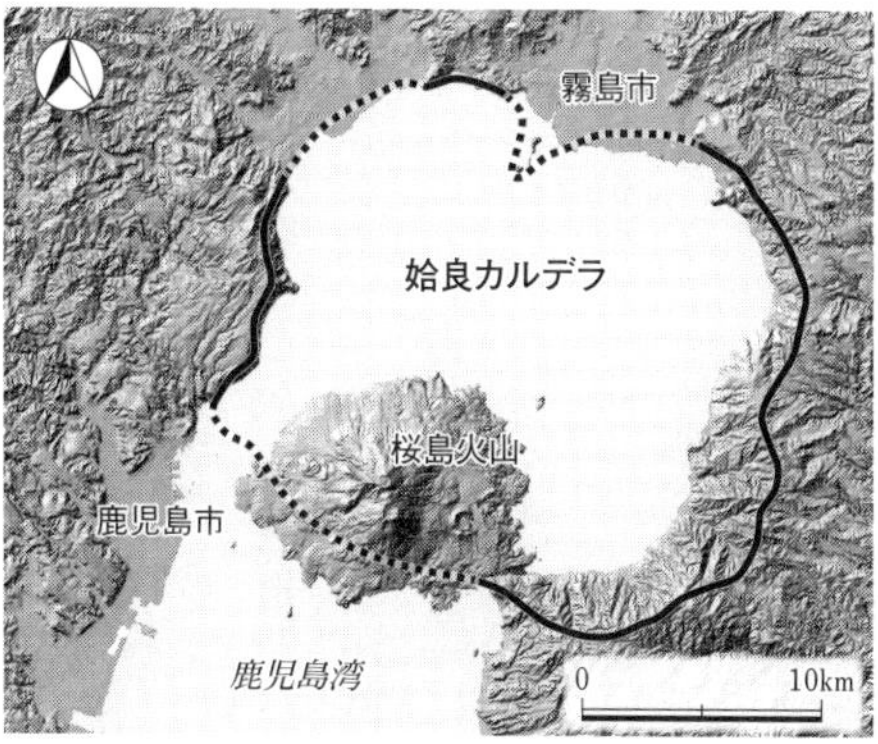

図5−3　鹿児島湾と桜島（地理院地図をベースに、産業技術総合研究所地質調査総合センターのHP「日本の活火山」gbank.gsj.jp/volcano/Act_Vol/sakurajima/fig/fig1-1p.htmlを元に著者作成）鹿児島湾は約３万年前の巨大噴火で形成されたカルデラの名残り。桜島火山はその外輪山に生まれた後期火山である。

気候変動のみならず、こうした複合的要因もあいまって、当時の日本列島には著しい環境の変化が生じた。広い範囲で植生の変化があれば、当然そこに生息する動物の分布にも影響を及ぼしたはずだ。本州から九州まで植生環境の急速な変化が促進されたことによって動物相（特定の地域・時間における動物群の種類）にも影響があったと考えられる。最近の古動物相の研究でも、この時期の動物群の変化が明らかになってきている。

最終氷期の日本列島における狩猟対象獣は温帯系のナウマンゾウ－オオツノジカ動物群と、寒帯系のマンモス動物群（マンモス・ヘラジカ・バイソンなど）の二者から構成されていた。「はじめに」で触れたが、最終氷期に重なる後期旧石器時代の日本列島は寒冷な時期であったため極地に水分が固定されて海水面が低下していた。北海道はサハリンを介してロシア極東の大陸部とひとつづきの「古北海道半島」になっていた。本州・四国・九州も一つの島、「古本州島」をかたちづくっていた［図5－4］。古北海道半島およびそれ以北にはマンモス動物群が分布し、古本州島には温帯の森林を主な生息域とするナウマンゾウ－オオツノジカ動物群がいたことがわかっている。ただしこの動物分布は気候変動の影響を受けたと考えられ、寒冷期にはマンモス動物群の一部が古本州島に南下し、温暖期にはナウマンゾウ－オオツノジカ動物群が古北海道半島に北上した。マンモス動物群の一部となるヘラジカなどが岩手県花泉《はないずみ》、岐阜県熊石洞《くまいしどう》で検出されている。

何より重要なのは、約三万年前以後に本州以南で大型哺乳動物の絶滅がかなり進んだということだ。これまで蓄積されてきた大型哺乳動物の骨から得られた放射性炭素年代によれば、ナウマンゾウはおよそ三万年前より新しい年代にはほとんどいないという。オオツノジカも基本的にはナウマンゾウと同じころにはかなり生息数が減ったとみられる。その一方、今の北海道では、この時期の三万年前以降にもマンモスやバイソンなどが依然として生息していた。本州以南では、三気候変動を契機として温暖な気候を好むナウマンゾウ－オオツノジカ動物群が生息するには好ま

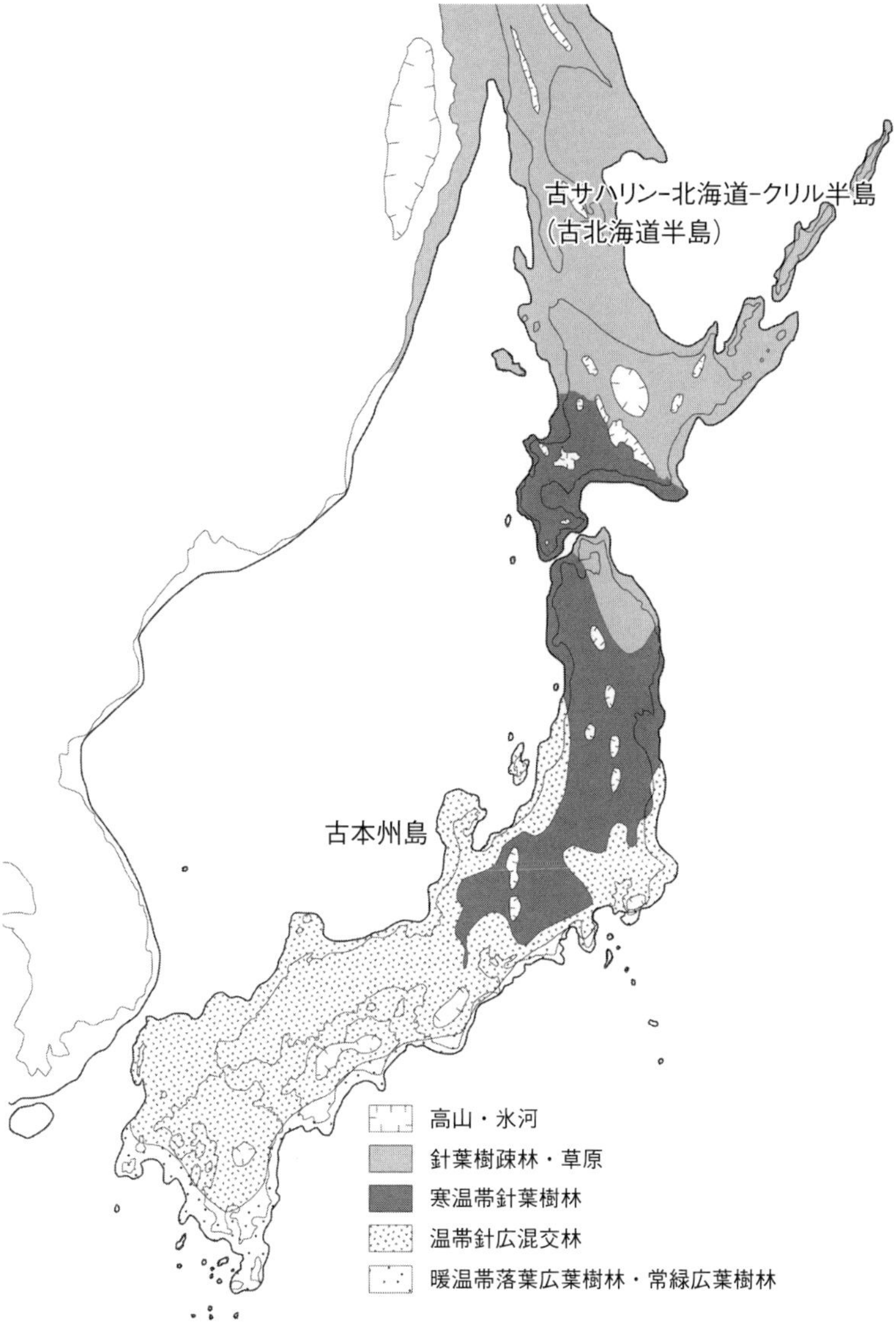


図5−4　最終氷期最寒冷期（約3万年前〜2万年前）の古北海道半島と古本州島（佐藤ほか2011より）
北海道はサハリンを通じて大陸とつながり、本州・四国・九州が一つの島となっていた。

しくない環境に変化していったのだろう。これに対して、寒冷な気候を好むマンモス動物群は北方域で生存し続けた。

急速に進んだこの環境変化は、これまでの環境適応方法に大きな変更を迫った。まず九州南部である。遺跡の分布をみればこの地域から一時的に人の居住がみられなくなる。火砕流によって、それこそ古代ローマのポンペイのように、人間社会は壊滅したのであろう。それでも数百年をかけてこの地域に人が再進出している。

ほかの地域でも生活に大きな変化があった。大型動物は、小型動物に比べてはるかに広い範囲を生息域とする。より小さい動物を対象にするためには狩猟の道具のつくり方も変えなければならないし、移動範囲をみなおす必要も生じただろう。遺跡の数や分布の変化、狩猟具をはじめとする道具を分析すると、この時を大きな画期として地域間での生業戦略に大きな差が生じていくことがわかる（6参照）。人々は、より地域の資源に密着した生活文化を構築することとなったことを意味している。約三万年前の前後で比べてみれば、この時に起こった気候変動・環境変化が人類の生活にいかに大きな影響を与えたかがわかるだろう。

縄文時代以降も含め、日本列島人は常に気候・環境変化に合わせて生活の手段をみなおし、今日まで生き延びてきたのである。

## ■人類が環境に影響を与える時代

地球上にあるものすべては相互に関連するシステムをなしている。気候変動がもたらす環境変化は、必ず私たちの生き方に作用する。長い人類史の中で、最後尾に位置する現生人類（ホモ・サピエンス）も様々な気候変動と闘ってきたのだ。

今、私たちが迎えている気候変動も、そうしたものの一つではある。今でも巨大な台風は大きな水害をもたらし、堤防構造や上下水道システムなどの治水のあり方に影響する。こうしたことが大きく問題となれば、私たちの住処《すみか》も移動せざるをえない。

だから、近年の気候変動だけを取り上げて、まるで世界の終わりのはじまりといわんばかりに終末論を展開することは必ずしも正確な理解とはいえない。ホモ・サピエンスはそれでも生き抜いてきたからである。三万年前に始まった厳しい寒冷期は、約一万九〇〇〇年前以降、とくに一万六〇〇〇年前ごろから急速に温暖化し、海水準が一〇〇メートルも上昇して今日に至っている。気温も五度以上上昇した。もちろん陸海の生物も一変し、生業のあり方も大きく変更する必要が生じたのだ。しかし、この劇的な変化に対しても、人類は定住的な生活へと適応形態を一変させて文化の力で柔軟に対応した。

ただし、現代だからこそ起こっている変化、つまり温室効果ガスやプラスティックなどの石油製品がこの地球環境にもたらそうとしている影響がこれまでにないものとなる可能性があることはたしかであり、将来予測をきわめて難しくしている。現在、更新世から完新世にかけての自然史と人類史を研究対象とする第四紀学では、私たちの生きている完新世 Holocene はじつはすでに終了しており、産業革命のはじまりに象徴されるように、人類が地球環境に大きな影響を与えた時代として、「人新世」Anthropoceneが始まっているのではないかという議論が真剣になされているほどだ。にもかかわらず現状を楽観視するような話があるならば、それはグレタさんの言葉を借りていうと、現代の「おとぎ話」ということになる。

【参考文献】


大河内直彦 二〇〇八『チェンジング・ブルー―気候変動の謎に追る』岩波書店

高橋啓一（川那部浩哉監修）二〇〇八『化石は語る―ゾウ化石でたどる日本の動物相』八坂書房

中川毅 二〇一七『人類と気候の10万年史―過去に何が起きたのか、これから何が起こるのか』講談社

町田洋・新井房夫 二〇〇三『新編火山灰アトラス―日本列島とその周辺』東京大学出版会

森先一貴・近江俊秀 二〇一九『境界の日本史―地域性の違いはどう生まれたか』朝日新聞出版

横山祐典 二〇一八『地球46億年 気候大変動―炭素循環で読み解く、地球気候の過去・現在・未来』講談社

Iwase, A., Takahashi, K. and Izuho, M. (2015). Further study on the Late Pleistocene megafaunal extinction in the Japanese Archipelago. In Kaifu, Y., Izuho, M., Goebel, T., and Ono, A. (eds.), *Emergence and Diversity of Modern Human Behavior in Paleolithic Asia*, 325-344. Texas: Texas A&M University Press.

## 6　文化の東西南北

### ■現生人類の文化の力

現生人類である私たちがこの地球上の寒帯から熱帯まで広がることができたのは、集団生活のチームプレーの力とともに、文化の力によるところが大きい。

寒冷な北方世界についていえば、ヨーロッパやシベリア南部などの後期旧石器時代に用いられた道具でとくに重要だったのは針であるとされる。たとえば、二〇一六年～一七年に国立科学博物館で開催されたラスコー展では、フランスのコンブ＝ソニエール洞窟遺跡から出土した約二万五〇〇〇年前～二万年前のトナカイ骨製の針が展示されていた。今の金属製よりは少々大きく太いが、針穴をもち、先端は鋭くとがっていることから、縫い針と考えられる［図6-1］。じつは縫い針の発明によって、二つの素材、たとえば毛皮どうしを隙間なくつなぎ合わせることができるようになり、体形やテントの形などに応じて思いどおりに縫製が可能となった。毛皮の衣服やテントの壁や屋根に毛皮をかぶせた保温性のある住居があれば、ツンドラなど北方の寒帯に進出で

図6−1　後期旧石器時代に使われた骨製の縫い針（Musée de L'Homme1984、展示図録より）
身体にフィットした衣服はこのような縫い針があってはじめて製作できる。

きる。この技術は革新的なものだっただろう。現生人類以外の動物は、環境に身体を適応させて分布を広げたが、現生人類は衣類や道具の工夫といった文化の力によって環境適応を柔軟に成し遂げたため、多様な環境に広がることに成功し、文化的多様性を獲得するに至った。その結果、地球上に広がった現生人類の文化は各地で独自の姿をみせるようになった。

## ■文化の東西と南北

現生人類の文化の特殊性を知るために、まず現生人類以前の文化をみておこう。二〇〇万年前~一八〇万年前に、ユーラシアに拡散したのは「オルドワン石器群」である。自然の礫《れき》に簡単な打ち欠きを加えた礫器や剝がされた欠片《かけら》（剝片）を利用したきわめて簡素な石製道具が使われていた。ジョージアのドマニシ遺跡では一八〇万年前ごろに「原人」がこれを使用したことが知られている。一八〇万年前以降には礫にやや粗い加工を施して洋梨形に仕上げた「ハンドアックス」と呼ばれる大型石器がアフリカでつくられるようになり、五〇万年前からは、より入念に加工されたハンドアックスが現れ、インド亜大陸を含めた西側世界に分布した。一方、その東側には礫に刃だけをつけた「礫器」を使用する文化があった。

ハンドアックスか礫器かという世界を東西に分かつこの境界の存在が提唱されたのは、二〇世紀前半のことで、提唱者の名前を取ってモヴィウス・ラインと呼ばれている[図6-2]。東京大学の佐藤宏之《さとうひろゆき》氏によれば、モヴィウス・ラインは当時の西洋中心主義的な歴史観、すなわち、西欧文明が進歩の頂点にあるとの歴史観に基づいて提唱されたものであり、加工が入念な西側のハンドアックスが「進歩的」とされた。この点は当然受け入れられない。ただし、異なる石器の分布圏という現象の把握に関していえば、今日でも成立しうるという。この東西世界の石器の違いが、具体的にどのような文化的差異を反映しているのかは簡単に答えを出せないが、数十万年前まで、世界の人類文化の地域差はこの程度にしか分かれていなかったのだ。

じつはこの二大文化圏を分かつ境界はその後も受け継がれる。ラインの西側では中期旧石器時代（約三〇万年前〜四万年前）にルヴァロワ技法という複雑な技術とムステリアンと呼ばれる整った形態の石器からなる石器群が現れるが、これが東側には認められないのである。東側の東アジア亜熱帯・熱帯域には、より簡素な製作技術による礫器や剥片石器群が使われていた。

中期旧石器時代には、東西地域の中でより細かな地域差が生じていたが、地域性の形成が急速に進むのが、現生人類の拡散と密接に関連して始まった後期旧石器時代である。モヴィウス・ラ

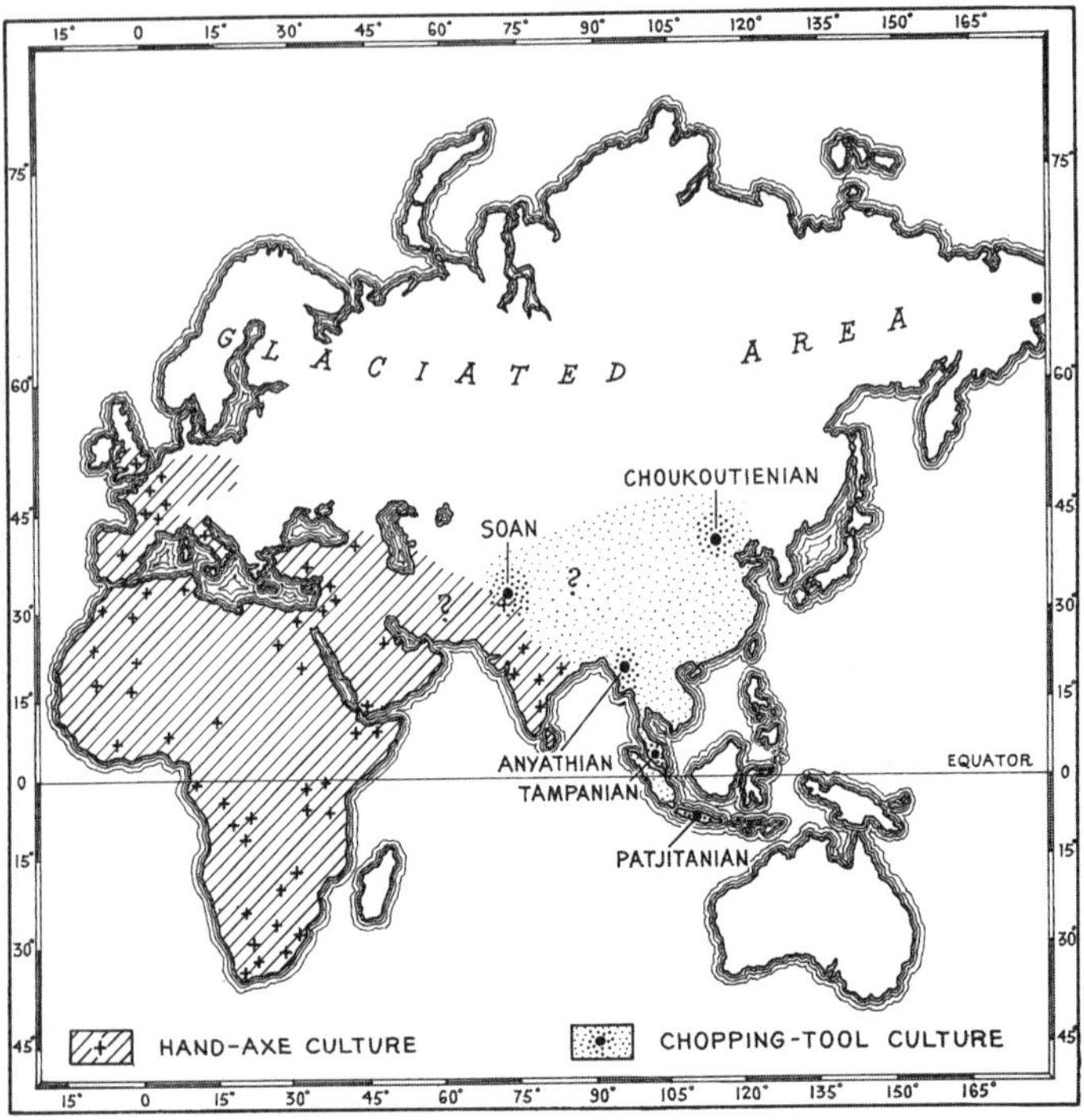


図6−2　旧石器時代の東西差を示すモヴィウス・ライン（Movius, H. L. Jr. 1948.より）ハンドアックス（HAND-AXE CULTUR）と礫器（CHOPPING TOOL CULTURE）を特徴とする文化が大きく分布を異にすることを示したもの。

インの東西世界は維持されながらも、その内部に細かな石器の違いが生じている。ラインの西側には石刃や小石刃・細石刃と呼ばれる、より高度な製作技術を必要とする石器が出現する。ラインの東側でも寒冷な北方世界では、また異なった石刃・細石刃技術が展開した一方、ラインの東側南部では、より簡素な剝片石器群を用いる地域や、そもそも石製狩猟具を使わない地域さえ認められる。

## ■日本列島文化の多様性

本章の冒頭でも少し触れたように、過去に生きた現生人類も、生態環境やその変化にうまく適応して生きてきたというのが現代的な人類史の見方だ。したがって、東西に技術的な差異があっても、単に技術が複雑かつ高難度であれば文化が進んでいる、とはいえない。当時の人類は自然にある食料資源をいかにうまく利用するか、そのためにはどんな生活様式が適当かという工夫を重ねて生き延びてきた。石器は生活の中心的な道具であり、石器の形態や技術の差は、まずは時代や地域ごとの生活様式の違いが反映されたものと考える必要がある。現生人類は、それまでの人類よりもはるかに高い適応能力でチベットを含む高山から海洋まで生息域を広げたため、多様な文化を発達させた。

重要なのは、北東から南西へと長く延びる日本列島では東西南北の環境差が列島内で顕著に認められるということだ。そうした環境の中で暮らす人々の生活が一様であったはずがない。もち

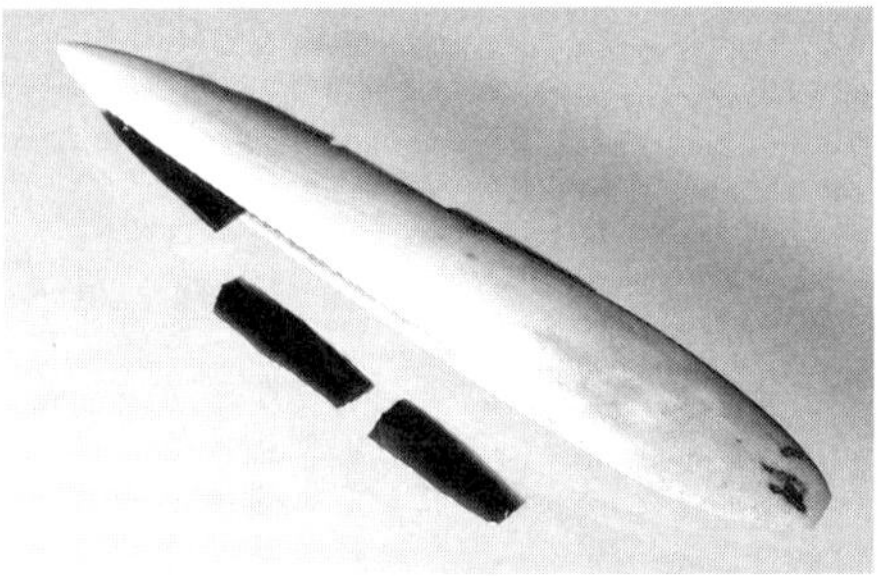

図6－3　細石刃を使った植刃器の復元品（遠軽町教育委員会提供）
細石刃が一つ外れても、刃だけ取り替えれば使い続けられる。

ろん自然環境だけが文化的多様性の根源だというつもりはないが、重要な要素であったことは疑いない。日本列島の人類文化の特徴が高い多様性にあることをさらに掘り下げてみよう。

日本列島は東西南北に長く、とくに、気温や湿度、食料資源の分布に大きな違いのある北と南の文化を比べると、環境に応じた地域文化が育まれて多様性が生じたことがよく理解できる。旧石器時代の狩猟採集民の道具を比べてみよう。

二万年前、疎林《そりん》やツンドラといった寒冷な環境下にあった北海道では、細石刃と呼ばれる道具が発達した［図6-3］。黒曜石などガラス質の緻密な石材を使って、丁寧に整えた石の塊（石核《せきかく》）から打ちだした細く薄い石の刃のことだ。それを骨や角などのシャフトの縁に並べてはめ込んで使う。一つ一つの道具は小さな部品だが、それらを組み合わせることで大きな槍やナイフをはじめ、様々な道具をつくりだすことができたと考えられる。こうした道具づくりは一見、面倒に思える。大きな石材から大きな槍やナイフを直接つくりだしたほうがよいのではないかと思う人もいるだろう。

だが考えてみてほしい。北方世界では、獲物となる動物は大型で群れをなしている。一箇所にまとまっていてほかの場所にはいない。ということは、人間が遭遇するのは限られたタイミングで、その時に満足に狩りができれば大きな成果となる反面、失敗すれば当分食料を得られない、重大なミスとなる。じつは細石刃はそれを避けるための一工夫なのである。一つの大きな石からつくりだす大型の槍などは、運んでいるうちに折れたり欠けたりすれば使えなくなってしまうし、折れたものから同じような槍をつくりなおすことはできない。大事なタイミングでこんな事故が起こったら文字どおり致命的だ。一方、細石刃を使った組み合わせ式の道具なら、もし運搬中に欠けても、その部分の細石刃だけを取り替えれば済む。いざという時、失敗の許されない条件下でもリスクを低減する技術といえるだろう。細石刃はつくりだす道具の多様性にも対応可能である上に、道具の破損という最も重大な損失に対しても、すぐに埋め合わせることができる優れものというわけである。細石刃自体をつくるコストは決して低くないが、厳しい北方の環境ではそれをかけるだけの意味がある。

このような技術は、より南方の温帯・熱帯などでは発達しにくい。とくに熱帯では生命のサイクルはめまぐるしく循環し、多種多様な資源がまんべんなく分布しており、群れをなして一箇所に集中する特定の資源は少ない。つまり、ある場所の少数種の資源をミスのないよう丁寧な道具で獲得しようとする北方世界の戦略では非効率的で、対象にこだわらず幅広く資源を利用できる戦略のほうが生存上有利なのだ。ということは、道具は機能性は多少落ちても何にでも使える万能性の高いものがよいし、であれば道具の種類も少なくなるだろう。たとえば沖縄島では、貝を少し加工しただけの道具が使用されていたことが、南城市《なんじょう》のサキタリ洞遺跡などで判明した。九州南部では、二万年前は小型の槍先などを数多くつくっており、同じ槍でも北方世界のような手の込んだつくりの組み合わせ道具は発達することが少ない。一般的にいって、熱帯域など南方世界の先史時代の生活道具は簡素なものが多いのである。

## ■豊かな地域性が生まれた歴史

ここではわかりやすい一例を示したが、これまでの研究によって、日本列島に私たちの直接的祖先である現生人類が約四万年前にはじめて到来して以降、続く時代にも各地の気候や風土に細やかに適応することで生活文化の地域性が成立したことが明らかになっている。

たとえば、縄文文化でいうなら、東日本ではサケ・マスを多く利用することができたために人口が増え文化が発達したという学説もあったほどで、たしかに東日本から北日本の縄文時代の遺物や遺構数や規模はほかの地域とは段違いである。火焔型土器などのような躍動感ある土器や、加曽利《かそり》貝塚のような大規模環状貝塚（集落）は、西日本にはみられない。縄文時代の地域性は、旧石器時代から縄文時代にかけて、すでに現在の都道府県の範囲に近いものさえある。

弥生時代でも、列島全域で水田稲作を受容したわけではない。西日本でさえ、まんべんなく水田稲作が取り入れられたわけではないのだ。本州で古墳文化が栄えたころも、その外側にあった北海道では独自の狩猟採集文化が育まれていた。古代国家が成立した平城宮・京の時代はどうかといえば、その支配は本州全域にすら及ばない。『万葉集』に収められた東歌《あずまうた》から古代には様々な方言があったことが知られるように、国家の内部にも土地の風土に応じた地域文化が存続していた。

今でもそうだ。民族学者大林《おおばやし》太良《たりょう》氏は近代以降の日本の民俗に様々な地域性を指摘した。それは屋根や間取りといった住居の形式、婚姻の形式、生業様式など多岐にわたる。身近なところで「雑煮」を思い浮かべてもらうとよい。地域によって出汁《だし》や味付け、具材や餅の形さえ様々であることがわかるだろう[図6-4]。民俗学が明らかにしたように、地域ごとの豊かな生活・習俗・信仰・芸能が、この多様な自然環境を擁する日本列島の文化的多様性を如実に表しているのである。

図6－4　雑煮にみられる地域性（農林水産省2020を元に著者作成）
地域の食材を活用した雑煮は、地域ごとの生活文化の違いを知るのに好都合である。

箱庭的といわれるほど多彩な環境を擁する日本列島では、それだけ様々な地域文化が花開いたのであり、この細やかさが日本列島の美しさの本質をなしているのだろう。地域文化の歴史を知ることは、日本列島の文化がいかに多様であり、またそのような多様な文化が成立したのはなぜかについて理解を深めてくれる。

このように、「違う」ことには歴史がある。モヴィウス・ラインの提唱者は、そうした違いをしっかりと認識していながら、その差異を進歩の違いと評価した。それから半世紀以上がたった今、そう考える考古学者はいない。自然環境への適応戦略の違いが解釈のベースになっているのだ。私たちが今、あたりまえのものとして理解している社会の違い、文化の違いの成り立ちが、じつは先史時代以来の歴史から切り離しては理解することができないことを知った時、現代の諸問題に向き合う姿勢はどのように変わるだろうか。

【参考文献】
大林太良　一九九六『東と西 海と山—日本の文化領域』小学館
海部陽介　二〇〇五『人類がたどってきた道—〝文化の多様化〟の起源を探る』NHK出版
佐藤宏之　二〇一九『ヒスカルセレクション考古1　旧石器時代—日本文化のはじまり』敬文舎

# 7　定住するということ

## ■人類と移動生活

私たちは日々同じ場所で寝食する。社会人であれば起きて朝食をとって勤務先に出勤し、夜になればまた家に戻って夕食を食べ、くつろぎ、寝るという人が多いだろう。このように毎日同じ場所に起居し、生業活動をおこなう生活を定住生活という。じつはこの定住生活は人類史の中ではごく最近になって始まった。

人類が七〇〇万年前に誕生してからおよそ一万年前までは、人類は移動生活を営んでいた。世界最初の農耕が西アジアで開始されるまでは、すべての人類が狩猟採集民であり、その多くは移動生活を送っていた。これが一六世紀初頭には世界の推定人口の約一パーセントとなり、いまや〇・〇一パーセントにまで落ち込んでいる[図7-1]。今もアマゾン川流域やニューギニア、アフリカなど、世界の各地には移動生活を営む狩猟採集民が残っているが、純粋に狩猟と採集をおもな生業として生活している民族や集団は、地球上にはもはや存在していないといわれる。そして

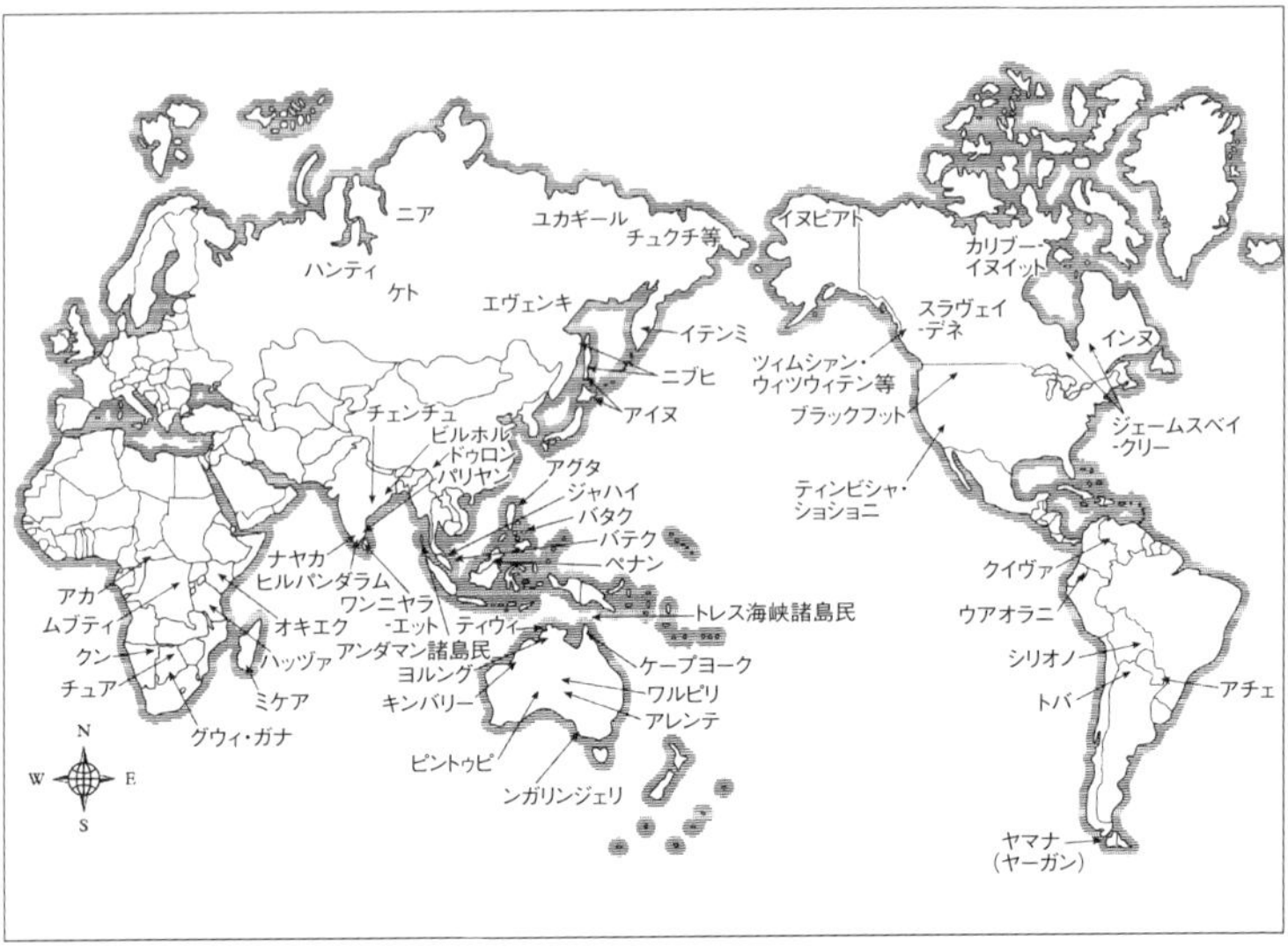


図7―1　狩猟採集民の分布（Lee and Daly 1999のmap1を元に著者作成）
約１万年前まですべての人間がそうであった狩猟採集民の人口は、いまや世界人口の0.01パーセントと推計される（尾本2016による）。

現在、そのほとんどが国家による人口把握や教育など一律の施策のために、ほかの国民と同様の定住化を余儀なくされているのだ。

さて、狩猟採集民が居住地を変えるのは、一つには、食料など必要な資源となる動植物が季節などによって数や分布を変えるためだ。狩猟採集民の民族誌ではこのほかにも、死者の出た場合、ゴミの蓄積などが居住地を移す理由として報告されていることが多い。「定住革命」の提唱者である筑波大学名誉教授の西田《にしだ》正規《まさき》氏は、狩猟採集民の居住地の移動動機について整理している。ここでは次のように簡単にまとめておこう。

・経済面　食料や水、原材料を得るため、交易のため
・社会面　生活集団内の不和、ほかの集団との不和・緊張を避けるため、儀礼・行事のため
・環境面　風水害やゴミの蓄積を避けるため
・精神面　死などの汚穢《おわい》を避けるため

さて、発達した経済システムの恩恵にあずかる私たちは、必要な物資は買えば手に入るためピンとこないのだが、一つの場所で一年を通じて生きることは決して簡単なことではない。生活を共にする集団が生きていくに十分な食料が、しかも年間を通じて安定して得られるような土地でなければ、定住のリスクは大きいことが予想できる。だからこそ、数百万年にわたって人類は移

動生活を採用した。

■定住と気候安定化

ではなぜ現生人類は定住し始めたのだろうか。西田氏は、定住生活は何も優れた生活様式ではなく、むしろそれまで移動生活を採用してきた人類の生活や社会のあり方に大きな変更を要請するもので、きわめて困難なものであったという評価から出発する。定住が可能となった理由としては、完新世の温暖化に伴って中緯度地帯で温帯森林が拡大したことを重要視する。これによって狩猟から堅果類などの採集と魚類の採捕に食料獲得を依存するようになり、それらの貯蔵・保存技術の発明によって定住が可能となったと考えている。広く世界から証拠を集めて論じられた仮説であり聞くべきところが多い。

移動生活と定住生活のいずれが優れているかという進歩史観的な発想は、西田氏のいうとおり、適切ではないだろう。移動から定住へはけっして必然の方向性ではない。適応論的な考え方では、それぞれは採用するにあたっての条件が異なるにすぎないのであって、いずれを選ぶかの基準になるのは社会が存続していくためのリスクを最小化しうる戦略であるかどうかという点だからだ。

ただし、西田氏が定住革命を著した一九八〇年代にはまだよく知られていなかったこととして重要なのが、気候変動に関する考え方だ。すなわち、5で示したように、一万年余り前から現在までの完新世に比べ、それ以前の更新世は急激な寒暖変動が唐突かつ複雑に繰り返すきわめて不安定な気候（ダンスガード・オシュガー・サイクル）に支配された時代だったことだ。考えてみれば、温帯森林は更新世の氷期にももちろん存在したが、そこで定住生活が採用され、その後に継続することはなかった。ということは、堅果類を実らせる温帯森林であっても複雑に変化を繰り返す環境下においては、毎年同じ場所で同じように資源を安定して確保することが難しかったと考えられる。

## ■移動生活の強みと弱み

二〇世紀を中心とする民族誌にみられる狩猟採集民の記録から推測するに、更新世の遊動型狩猟採集民の生活集団は、大人と子ども、老人を合わせて平均二五人程度の小集団であったことはすでに述べてきた。これは食料資源の供給が不安定でも移動生活を営むことで少ない食料を確保し、何とか生きていける規模に抑えた結果とみることができる。獲得量のみならず、確保できる場所の予測も難しい限られた資源しかないところに、一〇〇人も集まって定住生活している姿を想像してみてほしい。たちまち全滅の憂き目にあうことだろう。今より不安定な気候が支配していた約一万年前までは、小規模に限定した生活集団が離散的に移動生活を営むことで、生存の可能性を高めたのだ。

だがその反面、社会は小規模であればあるほど、狩猟の成否や構成員の病といったリスクによって社会全体の存続が危ぶまれる事態を招く。先ほどのような小集団では、有能なハンターの事故一つで集団の運命が大いに脅かされかねない。しかも、不健康や老化・ケガなどにより身体的障害を負う者を、移動生活で帯同することは難しい。また、子孫を残す必要からほかの集団との婚姻関係を安定して維持することも不可欠だが、移動生活では簡単ではない。移動生活は氷期の不安定な環境条件下で生存するための戦略の一つではあったが、それにはこのようないくつもの弱点がつきまとっていた。

もし、安定した食料を長い期間一つの場所で確保できるのであれば、定住によってこれらの弱点をまとめて克服できるのだ。

■定住化への様々な戦略

こうしてみると、不安定で資源予測の困難な気候・環境下では少人数の集団に分散した移動生活が相対的に生存の可能性が高いが、温暖かつ安定した完新世の気候と環境のもとでは、地域の自然環境に応じ、定住生活に向かう社会も現れたというべきだろう。現在の考古学的証拠によれば、日本などの中緯度温帯森林や西アジアのレヴァント地方など、季節的に多量の資源確保が可能な環境条件が整った地域で、更新世の終末（約一万五〇〇〇年前〜一万四〇〇〇年前以降）にいちはやく定住化への道を歩み始めたことがわかっている［図7-2］。

たとえば、日本を含め四季をもつ穏やかな温帯気候では、豊かな森、川、海から得られる多様な資源を季節ごとに組み合わせて生きる道が選ばれた。多角的な資源利用（Broad Spectrum

図7−2　シリア、デデリエ洞窟内のナトゥーフィアン文化期の石造構造物（西秋良宏氏提供）
日本では地面に穴を掘って屋根をかけた半地下式の竪穴住居が用いられた。

Foraging）だ。しかも秋に大群で母川に回帰するサケ科の魚類は、大量に採捕して保存食に加工することで厳しい冬をしのぐ大切な食料になった。これは特定の豊富な資源を集約的に利用する方法（Intensification）である。日本列島では縄文時代の初めからこうした水産資源を活発に利用し始めたようで、気候が安定化した縄文時代早期以降に大規模な集落が各地に現れる。おそらく人口が安定して増加を始めたのだろう。

一方、西アジアでは、最初はコムギなどの野生穀類の集約利用に始まり、これを栽培化することによって定住を達成し、やがてすぐに農耕牧畜社会へと進化した。その後に生まれた「文明」が、人口の安定した増加を背景にした社会の複雑化をよく物語る。少し遅れて東アジアでは、これが稲作を契機として進んでいったこともよく知られている。これを栽培家畜化（Domestication）戦略という。

より高緯度の北方世界では、陸海に群棲する哺乳動物（トナカイ、クジラやアザラシなど）などを集約的に利用し、また食料の貯蔵をおこなうことで比較的長期間にわたる季節定住を可能としたところもある。一方、年中高温多湿で資源がどこかにまとまってあることの少ない熱帯では、食料の集約的な利用や貯蔵が難しく、焼畑などが始まるまで定住は遅れた。

こうしてみると、年間を通じて食料確保の可能性が高く、また季節によっては集中して利用できる資源がもたらされる中緯度温帯森林に生きた人々は、食料保存の技術とともに、いちはやく定住への道をたどることができたという点については、西田氏の指摘どおりであろう。

■定住生活がもたらすもの

先ほどの移動生活の四つの動機をもう一度みなおしてほしい。移動生活が採用された最も大きな理由は、一箇所での食料資源の年間確保が難しかったという経済的理由である。定住を実現したことで、人口が増え、より大きく豊かな社会へと変貌したことはたしかである。これによって婚姻関係の安定がもたらされるとともに、交易網も発達した。東日本に栄えた縄文文化はそうした特徴をよりはっきり示す。

その一方、移動の動機として挙げた経済面以外の項目に関しては、定住生活に移行することでどんな変化が起こりうるだろうか。社会面については、生活集団内の不和や他集団との不和・緊張が避けがたくなっただろう。大きな諍《いさか》いがあっても軽々に居住地を動かすわけにいかない。人口密度もまだそれほど高くなく、また稲作など土地の専有的利用が発達していない社会であれば、こうした不和や緊張はそれほど重大な問題にはつながらなかったかもしれない。しかし、自然に対し地形を改変するなど大がかりに手を加えることによって食料資源を確保するようになった弥生時代以降には、食料生産の本格的な開始が集団の組織的な行動を発達させて統率者を生み、土地や食料資源の専有が地域集団間で多くの争いのもととなった。その過程を通じて他集団の吸収・統合が起こり、より大きな権力が発生し統率者は神との交渉権を一手に収め、やがて古代国家の成立をみた。国家も、基本的には定住社会の成立なしには生まれなかったのだ。

環境面についてはまず、襲いくる自然災害への柔軟な対応も困難となった。たとえば、水田稲作を始めたことで低地部へ進出して耕作地を拓き、居住地はそうした耕作地へのアクセスを最優先に考えて場所を選択する。大阪平野の弥生集落はかなりの頻度で洪水を受けたが、そのことは風水害への対応を最優先としてはいなかったことを物語っている。しかし、それでも定住生活をやめるわけではない。移動生活を実現できるような社会の規模も構造も、すでに過去のものだからだ。そこで彼らは災害に対してはその予兆をとらえ、一時的な避難をおこなうなどの対策を取ったことが知られる。地震や津波への対策は困難だが、東日本大震災後に、高台に移転したり、土地のかさ上げをおこないながら居住地を維持するという方法をとったこともその流れといえる。

移動生活では問題になりにくかったゴミ等の衛生問題は、今日まで深刻の度合いを深めている。

定住生活以降はゴミ捨て場を集落の中心から離すことによってゴミ問題に対応した。都市への集住にはさらなる困難が伴った。古代都市藤原京・平城京・平安京などでもゴミ問題とともに糞尿の始末にはずいぶん苦労したことが知られる。いまやそのままでは自然に還らない石油製品がヒマラヤから海洋まで汚染するに及んでいる。

精神面はどうか。地域での遺体処理などの問題も定住にともなうものだ。旧石器時代には遺体を土地に葬るという事例は決して多くない（16参照）。やはり定住化の進む縄文時代以降に土壙《どこう》墓《ぼ》をはじめとする墓が出現し、墓域が形成されていく。しかしゴミ問題にせよ遺体の問題にせよ、それらが原因となった衛生問題はその後あとを絶つことはない。

自然災害、人口問題、ゴミ問題、衛生・環境問題。これらは私たちが今も直面している社会問題だ。定住が可能となるには、安定した食料確保が可能となることが基本にあろう。また定住生活には栽培・農耕が関連することが多い。したがって、定住は結果として人口の増加につながることが多いため、基本的には移動生活に戻っていくことが難しい。安定した気候のもと、また栽培・農耕の広がりとともに、定住が着実に広がっていくこととなった。定住の開始は良くも悪しくも、人類の未来を大きく変えたターニングポイントだったのである。

【参考文献】

西田正規 二〇〇七『人類史のなかの定住革命』講談社

文化庁編 二〇一七『日本人は大災害をどう乗り越えたのか―遺跡に刻まれた復興の歴史』朝日新聞出版
森先一貴・近江俊秀 二〇一九『境界の日本史―地域性の違いはどう生まれたか』朝日新聞出版
Lee, R. B. and DeVore, I. (eds.) (1968). *Man the Hunter: The First Intensive Survey of a Single, Crucial Stage of Human Development-Man's Once Universal Hunting Way of Life*. New York: Routledge.

## 8　四季の恵みを活かす

### ■定住と四季

人類が定住することとなった大きな理由に、気候の安定化があることを紹介してきた。人類が世界に広がり始めた更新世は寒冷な氷期と温暖な間氷期とが何度も激しく入れ替わり、年平均気温が五〜一〇度も異なった。このような環境下で、同じ場所で食料を安定して手に入れることは難しい。

約一万一〇〇〇年前以降の完新世になると、氷期は終わり、気候が温暖化しただけでなく、はるかに安定した。このころに試みられ、やがて広く定着したのが農耕と定住だ。西アジアでは、およそ一万年前にコムギの、長江・黄河流域ではそれにやや遅れてコメの、アフリカや南北アメリカ大陸ではそれより数千年遅れてモロコシ・トウモロコシなどの生産を開始した。多くの場合、こうした食料生産に軸足を置き定住するようになった時代を、新石器時代という。

ところが、日本列島ではこの新石器時代にあたる縄文時代ではなく、弥生時代になってようやく水田稲作が導入された。放射性炭素年代測定法による年代測定事例が増加するにつれ、弥生時代の開始年代がさかのぼった結果、今では九州北部に水田稲作が導入されるのが紀元前九世紀〜前八世紀ごろとされていて、西アジアと比較すれば一万年近いタイムラグがある。それにもかかわらず、縄文時代には定住生活が一定程度実現していたのは、7で説明したとおり、日本列島では温暖湿潤な気候のもとで四季折々の豊かな恵みをバランスよく利用できるようになったことが深く関係していると考えられる。それは具体的にはどのような生業のあり方なのだろうか。ここではこの点をもう少し掘り下げてみたい。

## ■生業のカレンダー

約一万一〇〇〇年前以降の完新世にあたる縄文時代早期以降、安定した気候のもとで季節ごとの食料資源の獲得が容易になった。時を同じくして、竪穴住居に住む人々の集落が北は北海道から南は九州まで広く営まれるようになった。このころから、計画的に幅広く季節の恵みを利用することで、狩猟採集を基本としつつも一定期間の定住生活を実現したのである。

日本列島で狩猟採集をおこなった人々の年周期の生業はどのようなものだったのか。具体的に知るために、3で川を遡上するサケを獲る東京都前田耕地遺跡の人々のことをみたが、同様にサケ漁を営んだアイヌの人々の年間カレンダーでみてみよう。アイヌの民族学研究で知られる渡辺《わたなべ》仁《ひとし》氏が報告するところでは、日本政府による土地割りあてを伴う勧農政策以前のアイヌの生計

図8−1　縄文カレンダー（小林1996より）
縄文時代の年間生業サイクルを表したもの。

活動において、最も長い期間おこなわれたのは河川漁である。その中心を占めるのがサケ・マス漁である。おおよそ、マスが六・七月〜九・一〇月初旬、サケが九月末・一〇月初旬〜一二月で、この間、連続しておこなわれる（これらに先立ってほかの川魚の漁もおこなう）。漁撈《ぎょろう》は男性だけではなく、筌《うけ》や袋網を用いた女性による漁獲も重要であった。アイヌのサケ漁は産卵場とその周囲でおこなわれ、その位置が例年だいたい同じなので、アイヌの地域集団の居住・生業の領域はこの産卵場との位置関係で決まるという。これらを生業活動の骨格としながら、秋から初冬、そして春におこなわれるシカ猟、クマ猟も重要であった。

一方で、植物の利用は女性が中心となっておこなった。山菜類は芽吹きの春を中心におこなうが、夏にはオオウバユリという大型のユリの球根を採取し、食用にしたりでんぷんを取ったりした。秋にはコナラ属のドングリ、とくにアクの少ないカシリを多く採取し食用としていた。植物質の食料採集活動はサケ・マス漁を骨格として形成された自らの居住領域内の資源の生態を深く理解し、それらを効果的に利用できるように工夫されている。優れた環境適応戦略であった。

同じような観点で、縄文時代の人々の生業を調べ上げたのが國學院大學名誉教授の小林達雄《こばやしたつお》氏であった。小林氏によれば、縄文時代前期以降になると、四季の恵みを活かした定住生活が日本各地で洗練されていく。ここに挙げた［図8-1］は「縄文カレンダー」と呼ばれるもので、縄文時代の集落遺跡から出土する動植物遺存体の情報をもとに、集落の住人が一年間で山、野、川、海からどのような食料を得ていたのかをまとめたものだ。地域や時期によって内容に違いはあるが、春には山菜や海藻類の採集、夏には漁撈および貝類の採捕、秋は大量に遡上するサケ・マス類の捕獲や、木の実・ベリーなどの採集、冬には陸獣の狩猟を集中的におこなう。海辺の集落では冬場に海獣猟もおこなわれた。とくに、魚介類や豊富な植物質食料に旧石器時代との違いがよく表れている。魚介類の利用は完新世に海水面の上昇があって浅い海ができたことで容易になった。少ない資源を集約的に利用するのではなく、陸獣、海獣、魚介類、植物など、移り変わる四季の豊かな恵みを活かした多角的資源利用であったことに、列島の新石器時代ともいわれる縄文時代の特徴があるのだ。

■生業の地域差

こうした生業カレンダーはどこでも同じというわけではない。先に旧石器時代の生活文化の南北差を紹介した。縄文時代にもこうした地域差は引き継がれている。

縄文時代の生業を反映した食性の南北差は、同位体食性分析という方法で知ることができる。これは、草食動物、淡水魚、海産魚類、海産哺乳類、植物（さらに細かく分かれる）など種ごとに、生物の体を構成する窒素と炭素の同位体比が一定の範囲内に収まることを利用し、何をおもな食料としていたかによってヒトの身体を構成する同位体比率が変化することから、生業の地域差を導く方法だ。

この方面の先駆者である北海道大学名誉教授の南川雅男《みなかわまさお》氏の研究では、本州以南の縄文人にとっては植物の一部が食料として重要で、魚類や動物も利用されたことがわかっている。植物の一部にはドングリも含まれる。それに対し、より北方の北海道では大型魚類と海産哺乳類の影響がきわめて高かったと指摘されている。魚類ではサケ・マスの寄与も大きかったのであろう。最近では、こうした大局的な違いにとどまらず、より細かい地域で食性が異なっていたこともわかってきた。

たとえば東京湾沿岸である。縄文時代中ごろの高海面期には、東京湾は今より奥の埼玉県あたりまで入り込んでおり、この時に多くの貝塚が残された。湾奥部《わんおうぶ》の貝塚と千葉県中部あたりの貝塚では、出土した人骨の同位体食性分析から、両地域間で人々が食べていたものはかなり異なっていたことが指摘されている。

こうした同位体分析でわかるのは総体としての食性の違いだが、それは生業カレンダーの違いにも直結してくる。ドングリなどの堅果類を重視した人々と、海獣の狩猟を重視した人々が同じ生業カレンダーをもっていたわけもあるまい。

■縄文時代の植物栽培・管理

縄文時代の生業を考えるにあたってもう一つ重要な論点は、農耕や栽培の有無である。本章冒頭で述べたように、日本列島では弥生時代まで体系的な水田稲作という農耕の導入は遅れるが、古くから「縄文農耕」に関する議論も繰り広げられてきた。縄文時代の中ごろに遺跡数や遺跡規模が増大することから、この人口増を支えるために農業があったはずだとする学説だ。関東・中部で打製石斧が多く出土することから、それらを民族誌から土掘具と考え農耕の証拠とみなすのである。

もちろんこれに対する批判は多くなされたが、結局は直接的な物証がないことには議論は進展しようがない。そこで、縄文時代の遺構からイネやアワ・キビなどの栽培植物そのものが炭化した形で出土する事例を集成し、物的に証拠づけようとする研究がおこなわれてきた。

しかし、この方法でも、遺跡が埋没していく過程や、埋没後の様々な要因によって、古い遺構に後世の種実が紛れ込んだ可能性を排除できないという限界もあった。この問題を解決するため、炭化種実そのものを使った放射性炭素年代測定による研究が現在進行形で進められている。

また近年では、土器の表面に残された炭化種実の圧痕を型取りし、これを電子顕微鏡などで詳細に観察して種を同定する研究が精力的におこなわれている。この方法では先に述べたような遺構に新しい時代の種実が紛れ込む可能性はほぼなく、これまで体系的に進められてきた土器編年研究を活かしながら、いつその種実圧痕が残されたかをいえるのだ。

これらの方法によって、これまで縄文時代に属すると考えられてきた栽培植物の年代的証拠固めが進められている。ダイズの野生種であるツルマメは縄文時代草創期から土器圧痕として認められるが、縄文時代中期以降になると野生種よりも大型化したマメ類が発見されるようになってきた[図8-2]。ここに意図的な栽培や耕作行為があったとする研究がある。縄文時代晩期末にな

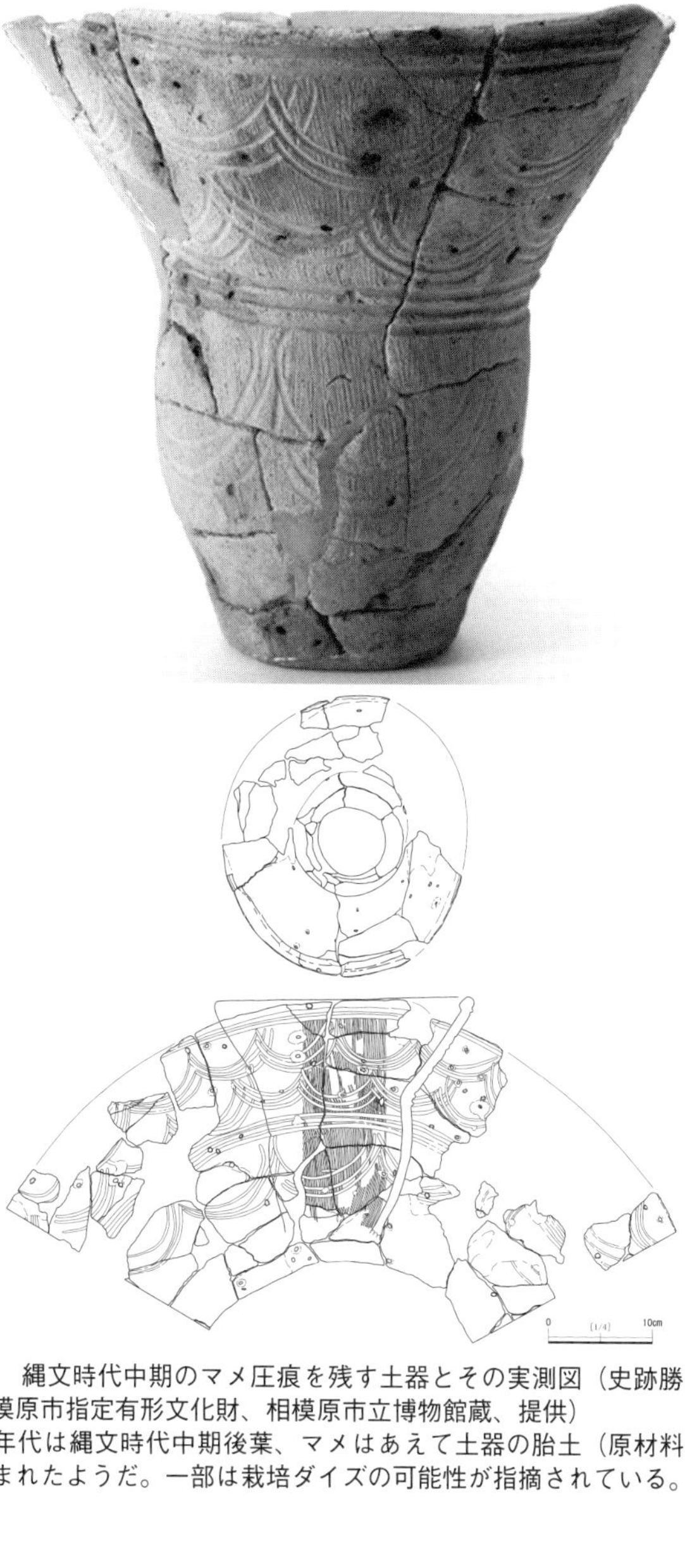


図8−2　縄文時代中期のマメ圧痕を残す土器とその実測図（史跡勝坂遺跡出土、相模原市指定有形文化財、相模原市立博物館蔵、提供）
土器の年代は縄文時代中期後葉、マメはあえて土器の胎土（原材料の土）に練り込まれたようだ。一部は栽培ダイズの可能性が指摘されている。

図8－3　縄文時代の漆塗り壺型土器（史跡是川石器時代遺跡、是川中居遺跡出土、八戸市埋蔵文化財センター是川縄文館提供）
縄文時代を代表する逸品。

ると、西日本や中部日本でアワやキビの種子が土器の圧痕として検出される事例が認められる。稲作に先立ってこれらの植物が栽培されていたとする研究があり、稲作との関係が注目されている。農耕といえば稲作が注目されてきた日本列島でも、もっと複雑な栽培植物の利用があったことを示す研究が目立つようになってきている。

　長らく注目されてきたクリについては、完新世に入って以降、とくに貝塚などでは、クリ花粉が一定量検出されるようになる。自然林の中に存在するクリの資源としての重要性を認識し、縄文時代中期を中心にクリ林の管理・栽培がおこなわれていた可能性は、青森県の三内丸山遺跡などを代表的な事例として、数多く報告されている。

　縄文時代に漆器が出現するが、この製作に使われたウルシも栽培植物として知られる。近世には日本の漆工品がヨーロッパで「Ｊａｐａｎ」と呼ばれたことは有名だが、ウルシの原産地は中国の長江流域から中国の東北部にかけてであり、日本では外来植物であると考えられている。日本列島の気候環境ではほかの植物に負けてしまうため、その安定的な利用には管理・栽培が必要とされている。最古の例としては、福井県の鳥浜《とりはま》貝塚出土品のウルシ材があり、何とその年代は一万二六〇〇年前とされる。これほど古くからウルシが日本列島に存在していた理由は謎に包まれている。やがて、縄文時代の前期になると漆器の製作・利用が東北日本で広がり［図8-3］、出土した木材から幹に傷をつけて樹液を取る漆かきをしていたことがわかるなど、すでに発達したウルシ利用技術があったことがわかっている。

■四季の恵みへの適応

よく、縄文文化は自然と共生した豊かな狩猟採集民文化といわれる。それはたしかにそうかもしれない。しかし、縄文時代には確実に植物の栽培がおこなわれていたようだ。西アジアや中国大陸のように集約的ではないものの、同じ新石器時代に位置づけられる縄文文化においても、土地土地に暮らす人々が自然に手を加えて食料確保の安定をはかっていたことは知っておきたい。

ここで重要なことは、もし栽培がおこなわれていたとしても、縄文文化の場合はそれが食料確保の中心となる生業として組織的におこなわれたとはいいきれない点であろう。植物の栽培が認められても、それは主食を得るためというよりも、縄文時代におこなわれた多角的な食料獲得戦略のレパートリーの一つであったという論調が主流のようである。日本列島の縄文時代では、大陸のように食料確保の基幹をなす農耕に成長しなかったことに目を向ける必要があるのだ。

その理由について背景となる環境をふまえて考えてみる。ムギ類の農耕が発達した西アジアでは、日本に比べて単一の生態系が広がっている。食料資源のバリエーションは少なく、安定した食料確保には少数種の資源を集約的に利用するのが適している。一方、日本列島はどうか。いく度か述べてきたように、北東から南西へと長く延びる日本列島は、変化に富む地形や気候によって多様な環境を擁し、周囲を流れる海流と季節風の関係で地域ごとに異なる降雨パターンがあり、四季をもって季節ごとに多彩な資源が育まれる。このような環境では、西アジアのように特定資源を集中利用するのでは一年の生活は成り立たない。季節ごとの資源をうまく利用しながら、もちろん、ある時にはサケやマスの捕獲のような集約的活動をおこない、必要に応じて貯蔵し、馴《じゅん》化《か》しやすい植物はうまく育てるなどの手を加え、トータルに食料を確保していくことが、一つの適応のあり方だったのだ。

ただし、四季の恵みを活かした縄文カレンダーのような生活は、低い人口密度と狩猟採集という生業形態を前提とした、歴史上の適応戦略の一つと評価すべきだ。この高人口密度の現代社会においてむやみにそれをめざすことは無謀以外の何ものでもない。しかし、それは承知の上で、この時代の暮らし方や自然とのつきあい方を知ることは、繊細で美しいこの列島の四季の恵みが今も私たちの生活の基底にあることに、今一度思いを致すことにつながると思う。

【参考文献】

国立歴史民俗博物館編　二〇一七『URUSHIふしぎ物語―人と漆の12000年史』国立歴史民俗博物館
小杉康・谷口康浩・西田泰民・水ノ江和同・矢野健一編　二〇〇七『縄文時代の考古学5　なりわい』同成社
小林達雄　一九九六『縄文人の世界』朝日新聞社
設楽博己編　二〇一九『農耕文化複合形成の考古学』上、雄山閣
南川雅男　二〇一四『日本歴史私の最終講義11　日本人の食性―食性分析による日本人像の探究』敬文舎

## 9　縄文はユートピアか

### ■「持続可能性」と先史社会

ここ数年で、「持続可能」という言葉を頻繁に目や耳にするようになった。二〇一五年の国連サミットでも、「持続可能な開発目標 Sustainable Development Goals: ＳＤＧｓ」が採択された。ＳＤＧｓへの取り組みもニュースでよく聞く。そこに人と社会の平等と格差是正、そして環境・資源保全に関する目標が多く掲げられているのは、経済重視の開発によっていかにこれまで環境破壊が進み、生態系が攪乱《かくらん》されてきたかが強く認識されているからである。

人間による自然破壊が進めば進むほど、自然とともに生きた過去の人々の生き様を理想化する考えも出てくる。あるいは現代社会の乾いた人間関係に疲れ、地縁と血縁の絆に結ばれた山村の地域社会に人の温かみを感じ、憧れを抱く人もいると思う。長く大切にされてきたこうした地域社会の生活に持続可能性を認めたくなるのは理解できる。

こういう時に取り上げられがちなのは、牧歌的な先史社会だ。とくに縄文社会は平等で平和な社会であり、豊かな自然と共生したユートピア社会であったと唱える考えを耳にすることがある。ただし、縄文社会に対する評価も常に一定していたわけではない。縄文時代は石器を用いて狩りや漁撈を生業とし、竪穴住居に暮らしていた原始的な時代であり、その文化は稲作が大陸からもたらされる前段階の劣った文化であると考えられたことがあったのだ。ところが、埋蔵文化財（遺跡）の保護制度が整えられ、また経済も豊かになりつつあった一九七〇年代〜八〇年代ごろ以降になると、それまでとは比べものにならない件数の発掘調査が実施されるようになり、有名な青森県の三内丸山遺跡などのように、一九九〇年代には数多くの発見で、縄文社会の豊かな物質文化を知る機会が増えた。それまでの歴史観を大きく刷新するような発見が続くと、縄文時代をユートピアとみるような機運が生じた。

ＳＤＧｓの提唱があってから、自然と共生し豊かで平和な生活を営んだこの先史社会の一側面を、持続可能性と改めて結びつけて理解しようとする向きがあるようにも感じている。資本主義の経済発展に方々から限界が指摘される中、また都市への人口集中や地方の疲弊をまのあたりにし、人間社会の持続可能性について先行きに不安を感じる人が増えているためでもあろう。こうなると、経済発展のさなかには見下していた先史社会に憧憬の念を抱く人も出てくるから不思議なものだ。しかし、果たして縄文社会が自然と共生した平等社会だったというのは本当なのか、考えてみよう。

## ■平等主義と利己主義

私たちの現代社会では、可能ならば人より多く効率的に儲け、無駄な出費を減らし、自らの富を増やすことを願う人が多いだろう。実際は現状の暮らしにそこそこ満足している人でさえ、宝くじがあたったりして思わぬ富の入手機会があったならば、これを辞退する人は滅多にいないだろう。しかも、そんな幸運に恵まれたあとでも、倹約的な生活から抜けだせないものかもしれない。

反対に、近代以降に記録された狩猟採集民の民族誌では、寛大であることが称賛され、節約や富の蓄積は利己的なものとして批判の対象となることが多い。アメリカの文化人類学者、エルマン・サーヴィス氏が取りまとめた言葉を借りれば、「事態が悪化し物質が乏しく（あるいは貴重に）なればなるほど、その所作がより〝経済的〟ではなくなり、より一層寛大にふるまうようになる」。そのようにふるまう相手はおもに生活集団の多くを構成する親族であるが、さらにより遠くの社会にいる親族に対しても同じようにすることもある。今日でも働き手が家族を扶養するように、彼らもより拡大した社会内部全体に対して、利他的な行動が広くみられるのだという。ある時の寛大さは別の機会の支援や援助につながる。寛大なやりとりがいつか均衡を取ることを期待してこうした行動が取られているのだろうが、何をいつ、どの程度与えたのか、はかられることはない。たとえば、どこまで分けられるか限界はあるものの、狩猟によって得られた成果は集落のメンバーに当然のこととして分配される。

東南アジアのボルネオ島のプナン社会を調査してきた立教大学の奥野克巳《おくのかつみ》氏は、このような社会を個々人による排他的所有を認めない社会とした。自然からの恵みとしての財は共同体構成員が共有するモノであって、誰かが所有し誰かに貸与するものですらない。共同体の誰かが狩猟によって得た獲物は、そのハンターのものではなく、共同体のものとなる。徹底的に共有することによって、共同体としての生存の可能性を高めたのではないかという。こうした社会において、リーダーとなる人物（ビッグマン）とは、私たちのイメージとは真逆で、多く所有している者ではなく徹底的に周囲に分け与える者なのだ。分配は期待に応えておこなう打算的なものではなく、当然のこととしておこなうゆえに、与えることに対する感謝も表明されることはない。私たちには理解するのが容易ではないが、これはオーストラリア先住民アボリジニや、南アフリカのサン族、カナダのイヌイットの人々など、世界各地の狩猟採集民社会でも広く観察された分配のあり方だ。このことによって、社会に突出した富を蓄える者が現れる可能性はきわめて低くなる。

いや、これは突出した富をもつ者が出ないようにするというよりも、集団全体が生き延びる可能性を最大化するしくみの一つであることが重要なのだ。モノや富に対する欲求や嫉妬は、じつは常に集団の内部に渦巻いていることも、民族誌には記されている。現代の私たちが他人に対して抱く気持ちに似た利己的な心を、そうした狩猟採集民ももっている場合がある。しかし、他人からの嫉妬を必死で避けるため、お気に入りのものがあったとしても、それを一人占めすること

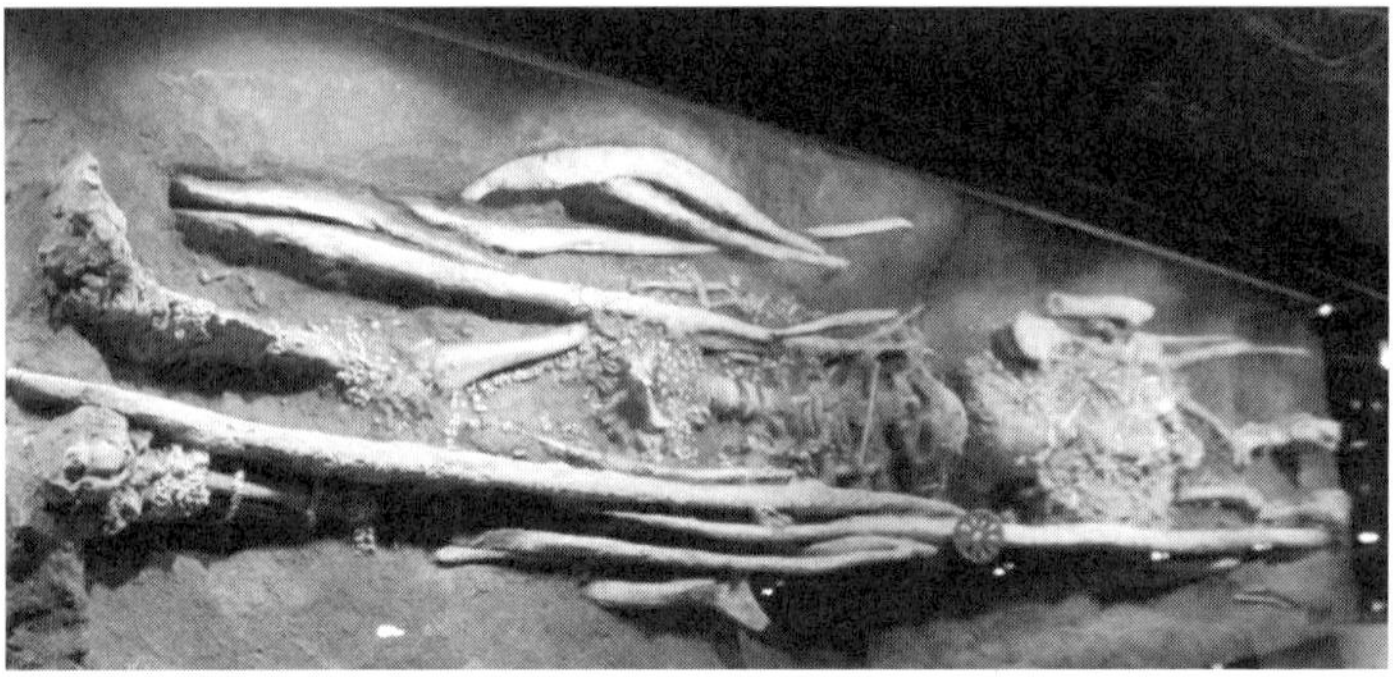

図9−1　スンギール遺跡の埋葬墓（復元、国立科学博物館での展示風景、国立科学博物館提供）
２体の子どもの埋葬。骨角製の装身具が多量に出土しており、まっすぐに整えられたマンモス牙製の槍が副葬されていた。

は極力避けられる。人々の野心は社会的に封じ込まれているのだ。そうでもして緊密な相互扶助・協力関係を築いておかなければ、自らの生命に関わるような危機が訪れた時に、助けを得ることは期待できないからである。狩猟がうまくいかない時、頼りにしていたドングリや松の実が不作だった時、サケが思ったほどのぼってこなかった時、干ばつが訪れた時、生き抜くことができないのだ。

これを逆にいうならば、利己的な行動の発現、社会の複雑化や不平等の出現は、安定して食料が獲得できるなど、社会の安定化が実現すればいかなる社会にも生じうるのではないか。こうした利己的な行動は、極端な利他主義と表裏一体なのだといってもよい。いったん自らの属する社会の安寧が確保され、私利私欲に基づく行動を許容しうるような状況になれば、人が利己的な行動に走るのはむしろ普通のことなのかもしれない。

## ■縄文時代に格差はあったか

人と人の格差が生じるのは考古学的証拠からみていつのことなのだろう。考古学では墓への副葬品から社会の格差を読み取ることが多い。そうした研究によれば、地域と時代によっては農耕社会成立以前にも格差が存在していたことが世界各地で指摘されている。早い事例では、ロシアにある後期旧石器時代のスンギール遺跡の例が代表的だ。この遺跡では、子どもを含む四人が豊富な副葬品とともに埋葬されていたことが明らかになっている［図9-1］。子どもが手厚く葬られるということは、その地位が幼いうちから高かったことを意味する。だとすれば、それは地位の世襲があったことさえ示唆するかもしれないのだ。

日本列島の場合、社会の中に何らかの格差が考古学的に読み取れるようになるのは、平等な社会とされてきた縄文時代からといわれている。

たとえば縄文時代の環状集落。環状集落とは一般的には竪穴建物や掘立柱建物の遺構が輪の形にめぐり、その中央部には土坑や穴を掘り窪めた土壙墓が配置されているものだ。ただし、國學院大學の谷口康浩《たにぐちやすひろ》氏が指摘するのは、この中央墓群に入る人々は、その集落の構成員全員ではないらしいということだ。実際、集落内の中央墓群とは別の場所に、集落の近くにも相当数の人を葬った墓群が存在する事例がある。社会の上下関係というわけではないにせよ、環状集落の中央に葬られる人々は、何らかの異なる扱いをされた社会構成員と考えられるのだ。縄文時代後期にはそうした中央の墓の上に石を並べた遺構がみつかることもある。これらについても、ほかとは異なる特別な取り扱いをされた墓なのであろう。

早稲田大学の高橋龍三郎《たかはしりゅうざぶろう》氏は、カナダのサイモン・フレーザー大学のブライアン・ヘイデン氏の学説を参照しながら、縄文時代の社会がどのように複雑化したのかを究明し続けている。高橋氏によれば、蓄財や権力を志向する野心的な人物が、たとえば自らの出自となる先祖のための華々しい祭りを開催し、この祭宴を通じて集まった人に対し様々な交渉ごとや投資話をおこなって自らの裕福さや気前のよさを誇示し、そうして利益を得た人々からの支持を得て力を手にしていく過程が、社会の複雑化のきっかけとなったと考える。それがとくに進展したのが縄文時代後期・晩期以降だったという。ヘイデン氏にならい、こういう社会を「脱平等化社会 transegalitarian society」と呼んでいる。

このように、最近の研究でも縄文時代を単に平等な社会であったとみるよりも、時期や地域によっては平等を逸脱する行動が認められるといわれているのだ。

## ■自然との共生とは

一方、「自然と共生した」という部分はどうだろう。水田稲作を導入し、大幅に自然を改変し始めたのは弥生時代からだという見方は正鵠《せいこく》を射《い》ているか。8でも紹介したように、縄文時代にも人が周囲の森に手を加えてクリ林を育てたり、ダイズ、アズキなどの豆類を栽培したりしてい

図9−2　縄文時代後期に築かれた巨大な墓（史跡キウス周堤墓群、第1号周堤墓、北海道埋蔵文化財センター提供）
最も大きい第1号周堤墓は、周堤の直径が80メートルを超える。狩猟採集民の土木構造物としては世界的にみても破格。

たこともわかってきている。自然に手を加えた食料生産は縄文・弥生を問わずおこなわれたのだ。

また、東日本・北日本の縄文時代の後期以降には、たくさんの木や石を駆使した大土木工事がおこなわれることもあった。土地を切り拓いてつくられる環状列石（ストーンサークル）などの共同記念物の構築はその典型例である。現代からみても驚くような規模や構造をもつものもある。狩猟採集民による土木記念物として、広い世界の中でも破格の規模を誇るものに、周堤墓《しゅうていぼ》がある。北海道の縄文時代後期に出現するもので、地面に竪穴を掘り、その排土を周囲に盛り上げてドーナツ状にし、その中に複数の墓をつくったものだ。その直径は八〇メートルを超えるものさえある［図9-2］。

このほかにも、定住集落では、周辺に水場をもつ場所が選ばれるが、そうした水場を利用しやすくするために設けられた道や水さらし場、水辺で作業をおこなうための施設などが発掘されている。明治大学黒耀石研究センターの佐々木由香《ささきゆか》氏は、こうした施設は時に大規模であり、多人数による土木工事と維持管理が恒常的におこなわれていたと考えている。さらに佐々木氏は、こうした土木工事の技術や水利技術が弥生時代以降の水利技術の基盤となっているのではないかとみる［図9-3］。

これは集落の人々が力を合わせておこなう共同作業だった。また集落を中心とした周辺環境の利用は一定程度計画的におこなわれたはずであり、であれば統率者の存在が明確になっていたとも考えられる。弥生時代になって突如、稲作のために集団労働が発達したわけではないのだ。こ

図9−3　水辺に設けられた施設の一例（史跡小山崎遺跡、遊佐町教育委員会提供）
道や石を敷き詰めた作業場などからなり、規模からみても集団による共同作業が必要であっただろう。

れはつまり、縄文時代にもある程度の自然改変がおこなわれ始めていたことを意味する。牧歌的な自然との共生という言葉から浮かぶイメージは、もう少し実態に即して修正していく必要があるだろう。

## ■レジリエンスを超えた自然への干渉

このように、自然の改変、利己的行動、格差の出現といった「ユートピア社会」論では否定されがちな側面は、じつはいずれも縄文社会にその萌芽があったようだ。

富の個人的な蓄積は、少なくともそうした行為が集団での生活の存続を脅かさない生活水準にある社会では、時と場所を選ばず現実のものとなりえたのではないか。自然の改変についても、国立歴史民俗博物館の山田《やまだ》康弘《やすひろ》氏が指摘するように、改変の程度やスピードを自然のレジリエンス（回復力）が上回っているうちは、自然破壊が顕在化しないだけであろう。人口が少なく、人口密度も低い縄文社会では自然の回復速度を脅かすほどの改変が加えられなかったが、時代が降り、人口の増加や自然改変の手段が異なっていくにつれ、回復しきれないほどの自然破壊が進んだという意味である。つまり、自らが生活しやすいように自然を改変し環境を整えていたという点では本質的に縄文と弥生とでは選ぶところがない。レジリエンスを超えた干渉の域に達したかどうかという点に大きな違いがあるように思える。

今、私たちが直面している不平等や自然の改変が、早くも縄文社会には出現していたとみると、時代を経て知識は増進し技術が高度化したといっても、私たちの行動には本質的な「進歩」なるものは認めにくい。まったく異なる点があるとすれば、8でみたような目の前の自然と自らの行動が直結した、四季に適応した生活経済はもうほとんど失われているということだ。大阪市立大学の斎藤幸平《さいとうこうへい》氏が力説するように、グローバル資本主義経済の中では自らがおこなっている大量の資源とエネルギーを消費する日常生活が、世界のどの地域の自然に負荷をかけているのかがみえなくなっていることが重大な問題なのである。5ではそれが予測困難な気候変動につながっていることをみた。真に持続可能であろうとするならば、ユートピアに回帰しようとするのではなく、自らが日々繰り返す行動がどこでどのような結果に結びついているのか、その因果関係に冷静な視線を向けるところから始まるのであろう。

【参考文献】

エルマン・R・サーヴィス（蒲生正男訳）一九七二『現代文化人類学 2 狩猟民』鹿島研究所出版会
奥野克巳 二〇一八『ありがとうもごめんなさいもいらない森の民と暮らして人類学者が考えたこと』亜紀書房
小杉康・谷口康浩・西田泰民・水ノ江和同・矢野健一編 二〇〇七『縄文時代の考古学9 死と弔い』同成社
斎藤幸平 二〇二〇『人新世の「資本論」』集英社
山田康弘 二〇一五『つくられた縄文時代―日本文化の原像を探る』新潮社

山田康弘・国立歴史民俗博物館編　二〇一七『縄文社会―その枠組・文化・社会をどう捉えるか?』

吉川弘文館

# 第III部 人類は〝進歩〟するか——身体と行動

## 10　時間を管理する能力

### ■時間を管理する能力

何をするにも時間の使い方は大切だ。

たとえば野菜たっぷりのパスタ料理をつくるとする。これには大きく二つの作業がある。具材を炒めて味付けをする作業と、パスタを茹でる作業だ。これらをそれぞれ別々に進める必要があるわけだが、順番にやるとパスタが茹で上がるころに具材は冷めてしまっているだろう。それよりも、二つをうまく同時進行できれば、美味しく、しかも短時間で仕上がる。二つ以上の作業を進める手際のよい人ほど、時間をうまく使うことになるのだ。仕事をする上でも同じだ。ある仕事のすべての作業を自分一人でやるならばやむをえないこともあるだろうが、チームでおこなうならば他人が分担できる作業を振り分けておいて、自分の作業に集中すれば、最終的にそれらを組み合わせることで効率的にうまく仕事を進めることにつながる。

こうした計画的な時間管理は、じつは現生人類（ホモ・サピエンス）の優れた能力の一つである。

これまで説明してきたように、約四万年前に大陸から日本列島に到来し移動生活を営んだ現生人類は、季節ごとに、あるいはもっと頻繁に、集落を移しながら生活していたと考えられる。それも気まぐれに移動するのではなく、食料資源を効率的に得るため、気候や季節により変貌を遂げる自然をうまく利用して戦略的で計画的な生活を送っていた。

## ■世界にも例のない「陥し穴」猟

そうした計画的生活術の最たるもの、それは「陥《おと》し穴」猟だ。陥し穴猟は、かつては縄文時代以降に始まると考えられていた。一九七〇年代から開発が進んだ神奈川県の港北ニュータウンの造成に伴う発掘調査で注目され、東京都の多摩ニュータウンの開発に伴う発掘調査などでは、縄文時代の陥し穴が一万基以上もみつかっている。

ところが、一九八六年、静岡県三島市初音《はつね》ヶ《が》原《はら》A遺跡で驚くべき発見があった［図10-1］。伊豆半島の付け根あたり、箱根山麓の丘陵上で一〇〇基以上にのぼるとみられる大きな土坑群が発見されたのである。直径一〜二メートル、深さは一・四〜二メートルにもなる土坑が、一〇〇メートル以上、いく重にも列をなしていたのだ。発掘された地層は約三万年前に九州南部で起こった始良火山の大噴火ではるばる飛んできた火山灰を含む層よりもたしかに下層にある。三万年前をさかのぼることは確実な、旧石器時代の土坑群だ。これほど古い大型土坑群は世界的にみても例はない。陥し穴だとすれば大きな発見になる。

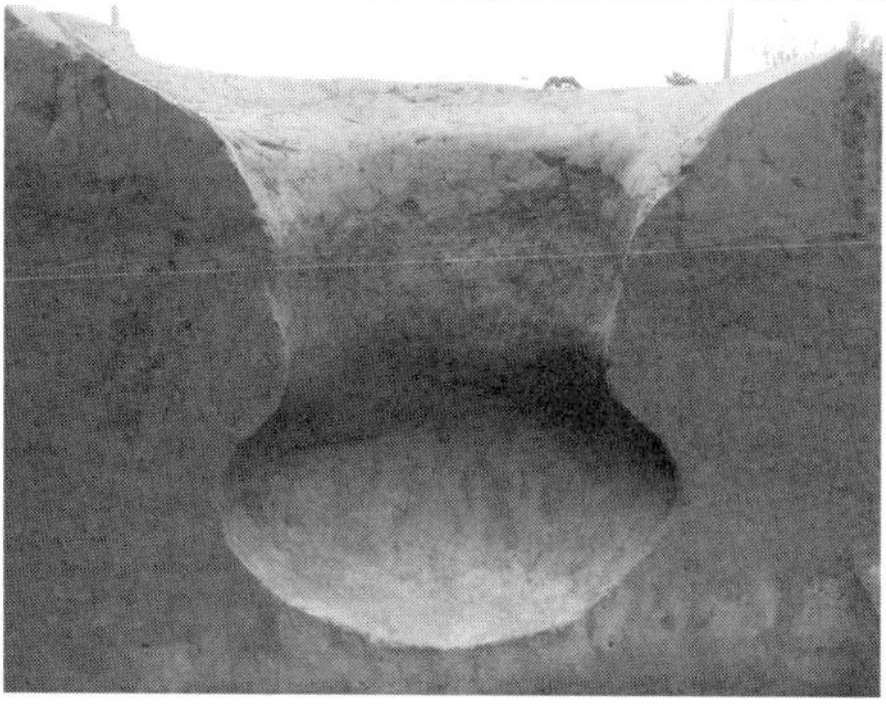

上：図10－1　初音ヶ原A遺跡で検出された土坑群（三島市教育委員会提供）
箱根山麓の丘陵上に直径1～2メートル、深さ1.4～2メートルの陥し穴が連綿と続く。世界的にも珍しい旧石器時代の陥し穴猟の痕跡と考えられる。
下：図10－2　立切遺跡で検出された陥し穴7号の完掘状況（鹿児島県立埋蔵文化財センター提供）
底部が膨らむ形状。

その後、神奈川県打木原《うつぎばら》遺跡や船久保《ふなくぼ》遺跡、鹿児島県立切《たちきり》遺跡など［図10-2］をはじめ、本州から九州にかけての太平洋沿岸でその後も同じ時期の同様の遺構の発見が相次いだおかげで、こうした土坑が設けられる場所の傾向がわかってきた。貯蔵穴ならば石器製作跡や焚き火跡など生活場所に近いところにつくるだろう。しかし、これらの土坑は丘陵や谷をまたぐように列状に、あるいは谷の源頭部にいくつかまとめて掘られるという特徴がある。

かつての狩猟採集民や、現代の陥し穴を参照しながら、先史時代の陥し穴猟の研究をおこなった東京大学の佐藤宏之氏の研究から、陥し穴の特徴を学んでみよう。

佐藤氏によれば、陥し穴にはいくつかの形がある。細長い溝状のものや、平面が円形・楕円形になるもの、隅の丸い四角形を呈するものなどである。旧石器時代の土坑もこうした一般的な形態の一つだ。

形状以上に重視されるのはその配置である。どういった地形に設けられるのか、平坦地なのか、斜面地なのか、谷に沿って設けられるのか、などである。典型的なものは平坦面に列状に設けられるが、いくつかが組みになって谷頭に配置されるものもある。後者は水を飲みにくる動物を狙っている。これ以外にも様々な地形面に対して非常に柔軟な配置をおこなっているのが実態である。そして、こうした遺構がみつかる場所は、居住に関係するとみられる遺構とは離れていることが多いため、生活拠点と違う場所にあることになる。

旧石器時代の土坑群も、はじめは陥し穴として受け入れない研究者はいた。墓や、ドングリなどの食料を蓄える貯蔵穴の可能性も当然考えられるからだ。しかし、墓や貯蔵穴ならば上記のような場所にあるのは不自然だ。また、埋め土の化学分析で遺体に由来する成分が認められなかったことなどから墓の可能性は低いとされた。穴の内部に何らかのものを収めたような痕跡もなく、時間をかけて自然に埋まっていることも、陥し穴説を支持していた。こうしたことから、これら土坑群の多くは陥し穴とみなすのが大方の研究者の考えとなっている（もちろん貯蔵穴や墓も含まれていたことは否定しない）。

## ■追い込み猟か罠猟か

すべてではないにせよ、こうした土坑群の基本的な性格が陥し穴であったとして、どのような狩猟で使われたのだろうか。つまり積極的に獲物の追い込みをおこなった猟なのか、設置しておいて獲物が落ちるのを待つのかである。両方の可能性があるのだが、基本的には罠として用いられたものが多いようだ。

規模の大きな列状配置をなす土坑群に追い込み猟を想定したくなるのは普通の感覚かもしれない。しかし、北方狩猟採集民の追い込み猟・罠猟を広く研究した佐藤氏によれば、追い込み猟の対象となるのは群棲するシカなどの動物であり、それらを柵を使って追い立て役の勢子《せこ》が誘導し、崖下に落とすなどの方法がとられる。ここで陥し穴が使用されることはないのだという。誘導柵の合間に陥し穴を設けて獲物が落ちるのを待つ方法もあるが、この場合、獲物を大規模に追い込む施設として使われるのではなく、柵によって誘導された獲物が落ちるのを待つ罠猟に使われる。勢子に駆り立てられて興奮した動物が陥し穴にはまる可能性は低いため、大量捕獲を目的に陥し穴が設けられることは稀なのだ。

　こうしたことから、いかに広い範囲に設置されているとはいえ、陥し穴を追い込み猟として使用したのではないだろうというのが佐藤氏の結論だ。この陥し穴を使った猟こそ、現代人の時間管理を象徴する狩猟と考えられる［図10-3］。なぜなら、陥し穴という「罠」の特性は、いったん構築すれば人手をかけずに獲物を得られる点にあるからだ。獲物を傷つけるタイプの罠では、血の匂いに誘われてくるほかの肉食動物に奪われないよう頻繁に罠をみまわらないといけない。し

図10－3　旧石器時代の陥し穴猟の様子を想像した模型（国立科学博物館での展示風景、同館提供）陥し穴は罠として設けられみまわりがおこなわれたが、それ以外の時間はほかの生業や余暇に時間をあてることができたであろう。

かし、陥し穴猟はかかった動物の命をすぐには奪わないため、数日単位でみまわればよい。ということは、あまった時間は十分にほかの活動に費やせるわけで、時間の有効利用にきわめて優れた狩猟法なのだ。生業カレンダーの節でも説明したように、縄文時代では秋から初冬にかけては、越冬のために多くの食料を獲得し、保存する必要がある。この時期、狩猟も重要であるが、サケ・マスがのぼってくるような地域では、それらも捕獲しておく必要がある。陥し穴を設けておくということは、両方の生業活動を同時に展開することができるという点で、非常に効率的なのである。

## ■旧石器時代の陥し穴の分布

それだけ効率的な生業方法ならば、どこでも採用すればよいと思われるかもしれない。縄文時代には広く列島に認められる陥し穴も、旧石器時代の分布は限られていて、列島全域には及んでいない。むしろ、三万年をさかのぼる陥し穴は神奈川県や静岡県の沿岸部、そして鹿児島県の大隅半島の沖にある種子島など、太平洋沿岸地域がほとんどである［図10-4］。これはいったいどういうことだろうか。

これまでにも述べたように、旧石器時代の狩猟採集民は数家族、平均二五人程度の小規模な集団で移動生活を営んでいたと考えられる。しかしながら、たとえば初音ヶ原A遺跡をとりあげてみても、発見されているだけで一〇〇基もの土坑群を人力で掘削する労力は尋常ではない。しか

図10−4　後期旧石器時代前半期とされる陥し穴分布と植生（著者作成）
アメリカ海洋大気庁の数値標高モデルETOPO1をベースマップとし、地理情報システムQGIS3.16を用いて作成。海岸線はマイナス70メートル。陥し穴の位置はSato2012、植生はTakahara and Hayashi 2015に基づく。

も今のように鋼鉄製のシャベルなどない。先をとがらせた掘り棒で繰り返し土を掘り崩しながら掘削したと考えれば、途方もない作業に思える。旧石器時代にも、こうした人々が力を合わせて土木工事をおこなっていたのだ。

これだけの土坑を、膨大な労力を使って設けているのだから、この場所を利用するのは一回きりではなかっただろう。第一、いちど掘った陥し穴を一回きりで放棄する理由はどこにもない。むしろ、少々の形崩れは補修しながら繰り返し使用したはずだ。ということは、敷設した人々はある程度の期間、この付近に居住した可能性を考える必要がある。なぜなら、陥し穴で獲物をとらえても、ほかの土地に居住地を移していては、ほかの集団に横取りされるかもしれないではないか。そう考えると、規模の小さい集団が移動生活を送りながらこれだけの労力を陥し穴づくりに費やすとは考えにくい。おそらくは、狩猟対象となる動物が季節的な移動をする時期（たとえばシカなどは暖かい時期と寒い時期で標高の高いところと低いところを行き来する）に、小規模な生活集団が複数集合してこの地である程度の期間にわたって共に居住していた可能性さえ考えなければならないだろう。

私は、そうした生活が可能になったのが、旧石器時代では太平洋沿岸地域に限られていたのではないかと考えている。たとえば、静岡県で陥し穴が頻出する愛鷹《あしたか》山麓や箱根山麓をみてみよう。最近の研究では、陥し穴の出現期は一時的な温暖期であったこと、同時に小型の狩猟具が増加して大型の狩猟具が減少すること、この地域にほど近い箱根・天城産の黒曜石が頻繁に利用されることが指摘されている。これはつまり、遠隔地の石材の利用が減るとともに、大型動物の狩猟が低調となったことを意味し、温暖な時期の到来とともに狩猟採集民の移動範囲が小さくなり、狭い範囲で生活を営むようになったことを意味している。

太平洋沿岸は当時にあっても森の中に照葉樹林が広がっていたと考えられる温暖な地域だ。おそらく広葉樹林帯からは、堅果類などの植物性食料を獲得しやすい、当時の日本列島では数少ない地域であった。そうした堅果類をすりつぶすための道具の数は少ないので、縄文時代の植物利用のレベルには及ばなかっただろうが、ほかの地域よりは植物質食料に頼ることができる地域だったのではないだろうか。動物だけでなく植物も合わせて積極的に利用することで、広い範囲を移動しなくても食料が確保できた可能性がある。多くの労力をかけて掘り上げ、繰り返し利用する陥し穴猟は、定住とまではいえないにしても、生活範囲を狭めたこの定着的な生活様式と相性がよかったと考えられる。

なお、植物質食料の獲得・処理などは、狩猟採集民研究では女性の仕事として重要であったと考えられている。つまりこうした地域に暮らす社会では、女性が活躍する生業上の役割も大きかった可能性がある。こうした植物利用を重視する人々のことを、アメリカの人類学理論を参照して私は「プロセッサー」と呼ぶ。集団内の女性の割合が、狩猟を重視する集団よりも高かったとされる社会だ。もしプロセッサーがこの時期、太平洋沿岸に多くいたのならば、女性が多く人口再生産力の高い、つまり相対的に人口の大きな集団が成立しえたとも考えられる。

## ■旧石器時代の定着的生活と時間管理

このように、陥し穴猟を多用した太平洋沿岸の狩猟採集民は、旧石器時代には珍しく定着的な生活を基本としていた可能性が高まっている。温帯域での定着的な生活では、狩猟だけでなくほかの資源も多角的に利用することがめざされる。氷期とはいえ、サケやマスなどの回帰性の魚類がこの太平洋沿岸地域へどれほどやってきていたかは定かではないが、秋の実りのドングリなど堅果類を積極的に利用することが重要とされていたかもしれない。だとすれば、その時期の狩猟活動として陥し穴を使った罠猟をおこなっておけば、冬場をしのぐために重要な食料をいずれも効率的に獲得することにつながったはずである。

私たちは、このような計画的な生活手段が早くも三万年以上も前からおこなわれていたことを、大きな驚きをもって受けとめてしまいがちである。しかし、よく考えれば彼らは私たちとまったく同じ現生人類だ。大昔のことだから知能や能力が劣っているはずだとみなす時代遅れの進歩史観など、さっさと捨て去らねばならない。

【参考文献】
池谷信之・佐藤宏之編著　二〇二〇『愛鷹山麓の旧石器文化』敬文舎
佐藤宏之　二〇〇〇『北方狩猟民の民族考古学』北海道出版企画センター

森先一貴 二〇一五「更新世末の九州地方における先史狩猟採集民の居住形態」『第四紀研究』五四―五、二五七―二七〇

## 11　過去から日々の行動戦略をみなおす

### ■集合と分散

考古学は地下に埋蔵されている遺構や遺物から、過去の人々の行動や社会を探る。遺構や遺物が口を開くわけではないが、それをして歴史事象を語らせることを学問の特徴とする。それとともに、研究対象すべてが「人」に関わる以上、生物学や生態学、環境学、人類学、人間工学、社会学、経済学といった様々な学問から多くの知識や理論を借用して人類史を理解しようと努める。

たとえば生態学。生態学は生物とその環境、あるいは生物と生物との関係性を調べる学問である。生物は生きていくために、ある環境のもとで無秩序に資源を探し回っているわけではない。どこに、どのような資源があるかを把握した上で、それらをできるだけ多く、効率よく利用するにはどうするのが最も適切かという戦略的な組み立てをおこなっている。

身近なことにたとえよう。十数人程度のやや大きいグループで旅行していたとして、一時間の昼食休憩に、昼食場所を徒歩で探す場合。お昼時なので混んでいるが二、三人なら入れる小さな定食屋が均等に点在しているとしよう。全員で仲良く食べたいからといって最寄りの店に全員まとめて乗り込んだ場合、たとえ運よく全員が入れたとしても、食事にありつけるまでの時間は非常に遅くなる。それよりは、数人のグループに分かれて、ほかの定食屋に散らばれば、時間効率よく「資源」を利用できる。

あるいは、近辺には開いているかどうかわからない小さい定食屋があるらしいが、少し遠い場所に大きなショッピングモールがあって、そこには昼食が取れる店もまとまってあることが確実な場合。どう行動するか。この時、先ほどのように散らばって行動すると、モールにたどり着けた人たちは満足するが、それ以外の人たちは運よく定食屋にたどり着ければよいが、多くの人は空いている定食屋すらみつけられず、休憩中に昼食にありつけないかもしれない。この場合、最適な行動は「全員まとまって、ちょっと遠いけれど大型ショッピングモールにいくこと」だろう。

先史考古学にあてはめると、狩猟採集民の集落とみられる規模の小さい遺跡が散在している場合と、局所的にまとまって存在している大規模集落がある場合、それらを残した人々の移動の仕方や狩猟採集の方法には違いがあることがまず想定できる。先ほど定食屋やモールにたとえたような周辺の資源分布について、古環境研究で少しでも情報が得られるならば、当時の資源利用戦略がどのようなものだったかを、より詳しく推定することができるわけだ。

生物の行動戦略には高い一般性が認められることから、時代を超えた適用が可能と考えて、その理論を援用するのである。だからこそ先の昼食の比喩のように、私たちの身近な行動を考える際にもヒントになる。

もちろん、ご飯をあの人と一緒に食べたいとか、仲間外れになりたくないからあのグループと一緒に行くとか、何としてもあの店で食べたいといったことが人間社会では起こる。合理性、功利性だけじゃないぞという声もあるだろう。これはそのとおり。

少々意味合いは異なるが、「合理性だけで理解できない」という点では、旧石器時代の終わりごろから縄文時代の初めにかけて長野県伊那《いな》市に残された神子柴《みこしば》遺跡などはそういう遺跡の例だ[図11-1]。完成品の大きく美しい槍や石斧が数十点、製作痕跡もなくひっそりと残されている。ここに集まった人々は何をしようとしていたのか。墓地や埋納施設、交換拠点といった様々な説があり、現在もその理解をめぐって学術論争が続く。たしかに、こうした遺跡は単なる生業戦略の観点だけからでは説明がつかないのである。しかしそういった特殊性がくっきりと浮かび上がるのは、一般原理からの逸脱というかたちにおいてである。

■使い捨てとお気に入り

もう一つ、今度は道具の使い方について考えてみよう。何か新しい生活用具を買う場合を想像してみてほしい。何を選ぶかは、シチュエーションによって全然違う。引っ越して新生活を始める時に揃える食器と、バーベキューで使う食器が同じはずがない。大切な食器はデザインや機能性、色や素材などを考慮してお気に入りのものを揃える。野外で使うものだったら、コンビニや

図11－1　神子柴遺跡出土石器（重要文化財、小川忠博氏撮影、上伊那考古学会提供）
きわめて入念なつくりの石槍や石斧。左下の槍の長さ25.1センチ。日常的な実用品としての役割以上の意味をもっていたと考えられる。

スーパーなどで手軽に買えるものを選ぶことが多いだろう。

モノの性質や種類はそれを用いた行動と一定の関係がある。発掘調査で出土したモノをみて過去の人々の生活行動を復元する考古学でも、モノと行動の歴史について知ることはきわめて重要である。

突拍子もない比較に思えるかもしれないが、旧石器時代の事例で考えてみたい。ここに約三万六〇〇〇年前の石器が二種類ある。東京都国分寺市の多摩《たま》蘭坂《らんざか》遺跡から出土したもので、どちらも利器《りき》（刃物）だが、一つはナイフ形石器とか尖頭形石器と呼ばれる石器で、槍など狩猟具の穂先と考えられる［図11-2］。とがった先端と柄につける基部があり、大きく、形にも規格性がある。もう一つは台形様石器と呼ばれる石器で、加工具など様々な用途が想定されていたものだが、2で紹介したように、最近、鏃のように使われた可能性も指摘されている。台形や四角形の石器で、基部をもつものもあるが、あまり形が整っていない。ほかの遺跡の例もみてみると、前者はなかなか数が少なく、材料も頁岩《けつがん》とか黒曜石など遠方の質のよい石材を使う傾向にあるのに対し、後者は石材にこだわりがなく、近所で得られるものを使うことが多い。

そう、常に携行し、より大きな獲物を仕留めるために使う槍は、

図11－2　多摩蘭坂遺跡のナイフ形石器と台形様石器（国分寺市教育委員会蔵、提供）
左2点がナイフ形石器、右2点が台形様石器である。

取れる場所が限られる良質な石材をもちいて機会をとらえてつくり大切に使う「お気に入り」の石器であり、台形様石器はどこでも手に入る石材でつくる、ある種、「使い捨て」の石器なのだ。旧石器時代の狩猟採集民が使った狩猟具にもこうした使い分け、つくり分けがあった。

では時代を超えて比較すると何がわかるだろう。たとえば、旧石器時代と縄文時代の大きな行動パターンの違いは、移動生活か定住生活かである。本州の旧石器時代の人々はせいぜいナイフ形石器やスクレイパーと呼ばれる加工具など、少ない種類の道具で様々な作業をおこなう場合が多いのに対し、縄文時代では尖頭器、石鏃、石匙《いしさじ》（ナイフあるいはスクレイパー）、打製石斧、磨製石斧、礫器、スタンプ形石器、磨石《すりいし》、石皿など、作業ごとに数多くの種類の道具をつくり分けている。

これも行動パターンの違いによって生じる道具立ての違いと考えられる。つまり、旧石器時代の人々は頻繁に居住地を移動していたので、石材を含め持ち運ぶ道具は最小限にする。スイスアーミーナイフ（十徳ナイフ）のイメージだ。小さくて刃渡りも短いため作業効率はよくないだろうが、持ち運ぶ道具数を減らして多くの作業をこなせる。一方、居住地を移さない定住生活では、持ち運びの効率を考える必要はない。だからより効率的に作業をこなせるように入念に様々な石器をつくり分けるほうがよいのだ。

以前、出張で動き回ることの多かった私は、仕事の書類とタブレットのほかは最低限の着替えセットと財布しか持ち歩かないことにしていた。ただし、これが長期赴任であれば話は違う。一度持ち運んでしまえば荷物の重さは関係ない。使うかどうかわからないものでも、備えあれば憂いなしで、万端の準備をしても苦になるまい。
地域や時代の事情によって変わる過去の人々の行動原理はとても参考になる。旅先での行動を考える場合にも、準備をどの程度入念にするかは旅の期間やそこで何をするかによる。過去におこなわれていた行動戦略を参考に私たちの日常をみつめなおせば、取るべき行動も変わるかもしれない。過去を学ぶことで現代を知ることの意味は、もっと身近な観点から追究されると面白いだろう。

【参考文献】
エリック・R・ピアンカ（伊藤嘉昭監修、久場洋之・中筋房夫・平野耕治共訳）一九八〇『進化生態学』蒼樹書房

## 12　身体と社会・文化

### ■身ぶりと文化

大型シャベルの形が日本とロシアではずいぶん異なることに驚いた経験がある。ロシア極東で発掘調査に参加した時のことだ。刃先の形も違うのだが、とくに柄が違う。日本のものよりずっと長い柄の末端には、三角形の握りがついていないのだ。日本のシャベルに慣れた身としては、力をどう入れるのかのコツがつかめず非常に使いにくい。いちおう使えるといえる程度になるまでなかなか苦労したことを覚えている。

似たような話をフランスの人類学者のマルセル・モースが二〇世紀前半に書いていた。第一次世界大戦中、連合してドイツに対抗するイギリスとフランスは、それぞれ形の違うシャベルをもっていたが、互いに相手側のシャベルを使うことができなかった。このためイギリス軍とフランス軍の配置が代わるたびに、八〇〇〇丁ものシャベルを取り換えなければならなかったという話だ。

モースいわく、私たちは生まれてこの方、自らが所属する社会的集団ごとの「型」の中で知らず知らずのうちに自らの体の使い方をつくりあげてきた。このようにかたちづくられた技法を「身体技法」という。それは、自転車の乗り方のように、言語的に伝達できる知識ではなく実践的に獲得されるノウハウといえる。重要なことは、私たちが自由に動かしていると思っていることの身体の使い方は、一定の社会的規範に縛られているということだ。

モースによる「身体技法」の考え方以来、過去・現在に限らず、私たちの身体の動かし方、使い方が、様々な階層の社会集団の規範のようなものに影響されていることが議論されるようになり、二〇世紀の後半には考古学の考え方にも影響を与えた。

## ■瀬戸内集団の身体技法

考古学では石器や土器などの形や文様の特徴が地域を越えて共通していた場合、その背景に人や集団の移動・交流があったと理解する場合がある。しかし、「身体技法」の考えをもとにモデル化すれば、ある地域に特徴的なものが別の地域でみつかるということの背景には、もう少し複雑な現象がありそうだ。

三万年前ごろ、瀬戸内に住んでいた人々を取り上げてこのことを追究しよう。氷期における海水準の低下によって、平均水深が四〇メートルほどしかない瀬戸内海は完全に陸地と化し「古瀬戸内平原」とも呼べる土地になっていた。

この平原で移動生活を営んでいた狩猟採集民たちは、後期旧石器時代前半期から一風変わった

図12－1　縦長剥片を素材としてつくられたナイフ形石器（東京都堂ヶ谷戸遺跡出土、著者撮影）
信州の黒曜石を使った縦長の石刃を加工して仕上げられた美しい石器。おもに狩猟具として使われた。

石器の使い手であった。どう違うか。普通、旧石器時代にはある程度の大きさの石器をつくるために、石核から縦に長い剥片や石刃と呼ばれる素材を打ち剥がし、さらにこれを加工して石器に仕上げる［図12-1］。瀬戸内集団が変わっているのは、この素材にする剥片が縦に長いものではなく横に長いものを使っていた点である。およそ三万年前以降になるとこの技術を特殊に発達させた「瀬戸内技法」と呼ばれる技術を使いこなした。彼らが瀬戸内技法を使ってつくりだした剥片をもとに仕上げた狩猟具は「国府《こう》型ナイフ形石器」と呼ばれる半月形の美しい槍先だ［図12-2］。瀬戸内技法は、石核のもととなる適当な形の大型剥片があれば、そこから連続して形の整った国府型ナイフ形石器をつくることができる石材節約型の技術であった。

縦長剥片生産技術やその洗練された姿としての石刃技法は、日本列島だけでなく広く世界中で認められる石器製作技術であるが、瀬戸内技法は世界的にもきわめて珍しく、ほかに類をみない独特な技術である。瀬戸内地方では、奈良県と大阪府の境にある二上山《にじょうさん》や、香川県の五色台《ごしきだい》、広島県の冠山《かんむりやま》などでサヌカイト（サヌキトイド）と呼ばれる横長に薄く割れやすい良質な安山岩類《あんざんがん》が産出するが、これをおもな石器素材とすることで、特異な横長剝片剝離技術が発達したと思われる。また、サヌカイトの産地は瀬戸内地方の中に点在し、どこでも取れる石材ではないため、この石材節約型の技術を発達させることで、石材産地から離れた場所でも安定して規格的な国府型ナイフ形石器をつくることができるようにしたと考えられる。

■瀬戸内集団の拡散

さて、ここからが本題である。じつはこの瀬戸内技法や国府型ナイフ形石器が、瀬戸内を遠く離れた地域からもみつかることがある。この現象は、瀬戸内地方から何らかのかたちで技術が伝わった「文化伝播」を示す現象と考えられてきた。しかし、瀬戸内技法による国府型ナイフ形石器の製作が、瀬戸内の地域社会で構築された「身体技法」を反映したものと考えれば、それは言葉によるやりとりだけではなかなか十分には伝わらないと考えられる。本章の冒頭に説明した、ノウハウとしての「身体技法」論をもとに考えるなら、そこには次のようにもう少し複雑な伝わり方が想定できる。

・モノだけが人の間を伝わった場合（技法的な影響関係がない）
・人づての情報をもとに類似品をつくった場合（変容した技法が認められる）

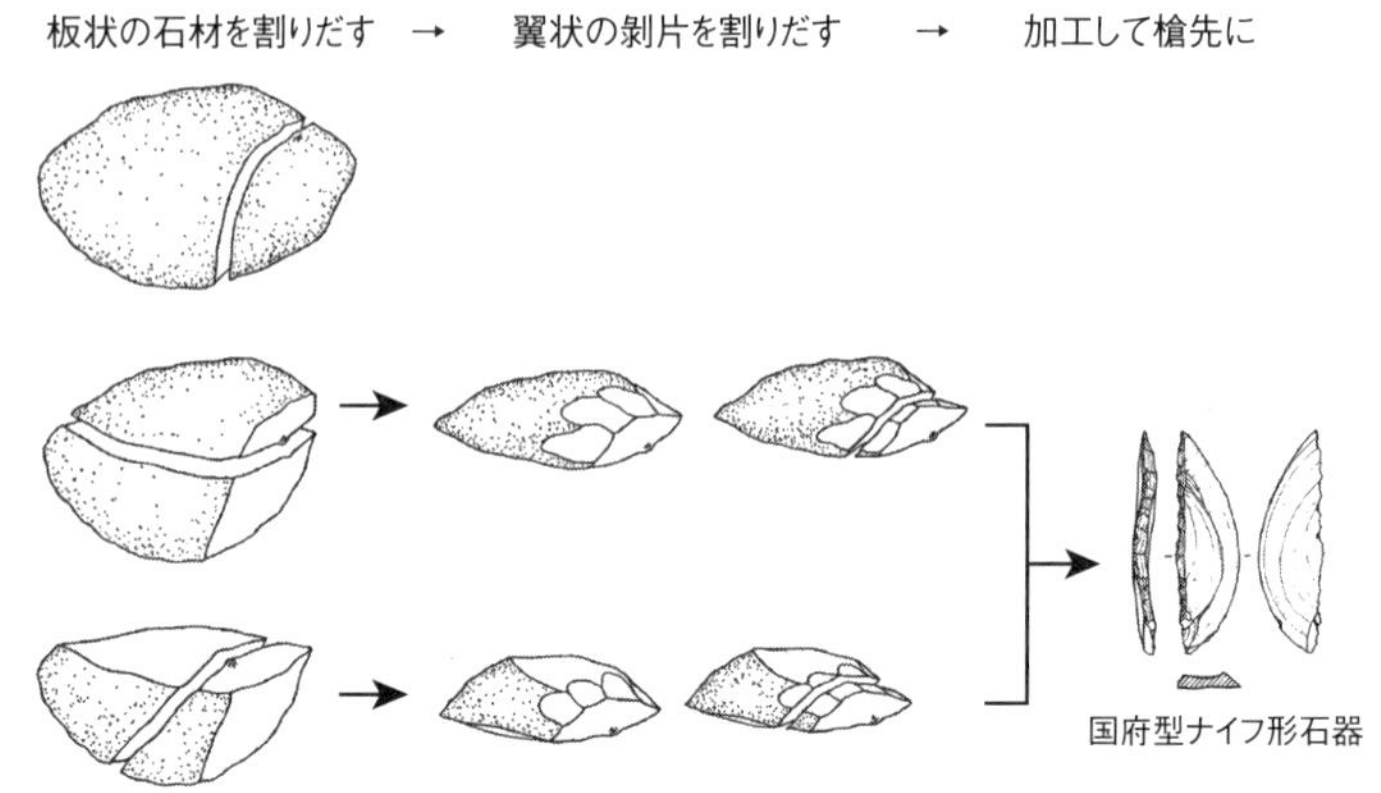


図12−2　瀬戸内技法による国府型ナイフ形石器の製作（松藤1974、高槻市教育委員会1978を元に著者作成）
国府型ナイフ形石器は縦長の石刃ではなく、板状の石をそぐようにに打ち剝がした横長の剝片を素材とした。

・人や集団そのものが移動してモノをつくった場合（一連の体系的な技法が認められる）
・他人の空似

　実際、瀬戸内技法の伝わり方は様々である。たとえば佐賀県の船塚《ふなつか》遺跡のように、九州西北部では瀬戸内のものとみまごうばかりの国府型ナイフ形石器が存在している。また、その製作技法も瀬戸内技法にきわめて近い。この場合、古瀬戸内平原から技術を携えた人・集団そのものの移動があったとみることができる。

　一方で、古瀬戸内平原から北に中国山地を越えた地域にあたる山陰では、国府型ナイフ形石器はみつかっているが散発的で、製作痕跡が今のところはっきりしない。たとえば、鳥取県名《な》和小谷《わこだに》遺跡で出土した美しい黒曜石製国府型ナイフ形石器は一点のみであるため製作方法を知る手立てがないが、黒曜石は瀬戸内にはないので瀬戸内から移動した人が製作したか、よく似た別の技術で形を似せた石器をつくった可能性が考えられる。これらの石器の存在は、古瀬戸内平原との接触や影響関係を示唆するものではあるが、人の移動がダイレクトにあった可能性を示す証拠とするには決定力に欠ける。

瀬戸内から東の地域ではどうか。岐阜県の日野《ひの》1遺跡など瀬戸内にほど近い東海西部の例を除くと、国府型ナイフ形石器に似た小型のナイフ形石器や、稀に国府型ナイフ形石器そのものがみられることはあるが、国府型ナイフ形石器の製作痕跡はほとんど知られていない。とくに東海東部や関東は全国的にみても遺跡数が多いことから、まだみつかっていないだけという可能性は低いだろう。したがって、東海東部より東には古瀬戸内平原出身の人々が直接入り込んでいた形跡に乏しい。このことは、現在の長野県、つまり中部高地においても同じである。

瀬戸内から北海道に至る近世の北前船《きたまえぶね》の例を引くまでもなく、いつの時代も日本海側の文化の交流は活発だ。興味深いのは、旧石器時代においても日本海側の文化の交流は活発であったと考えられる点である。北陸から東北日本海側には、国府型ナイフ形石器が出土したり、その製作痕跡が認められる遺跡がいくつかみつかっている。新潟県御淵上《みふちがみ》遺跡や山形県越中山《えっちゅうやま》遺跡K地点などが代表的だ。東日本の日本海側に沿って、古瀬戸内平原から人が北上した痕跡がはっきり残されている。こののち、約一万八〇〇〇年前に北海道から細石刃石器群を携えた人々が本州に広がる時期があるが、この時も日本海側をメインルートとしている。なぜ日本海側を伝う人と文化の動きが活発なのかは簡単に結論を下せない。旧石器時代にこの地域で舟を使った移動があったことは否定しないが、それだけではないだろう。日本海側に移動した瀬戸内集団は、最終的には北関東にも足跡を残している。

## ■身体技法から読み解く移住の実態

このように、瀬戸内地方の人々は約三万年前以降、一部の地域にダイナミックに移動した。瀬戸内技法という体系的な技術が一揃いでほかの地域にも認められた場合、それは地域間を瀬戸内地方の集団そのものが移動した痕跡であるとみるならば、その範囲は、北は日本海側をたどり山形県まで、西は九州西北部、そして東は東海西部だ。それ以外のところにはダイレクトな人の移動の痕跡は少なく、人づてに石器の形が伝わったような形跡がある。文化が伝わるといった現象の背景にある実態は、なかなか複雑なのである[図12-3]。

さて、古瀬戸内平原からの人の移住先にこうした地域的偏りがある理由を、私は次のように考えている。

重要なのは移住先の環境である。それは瀬戸内とよく似た環境であった。移住先は冷温帯針広混交林が展開していた地域とよく一致する。瀬戸内地方は、ほかの地域よりも乾燥した温帯草原が広がっていたという研究があるが、基本的には温帯針広混交林帯に含まれている。もう一つ注意すべきなのは、彼らの移住先が、瀬戸内技法が発達する背景ともなったサヌカイト（サヌキト

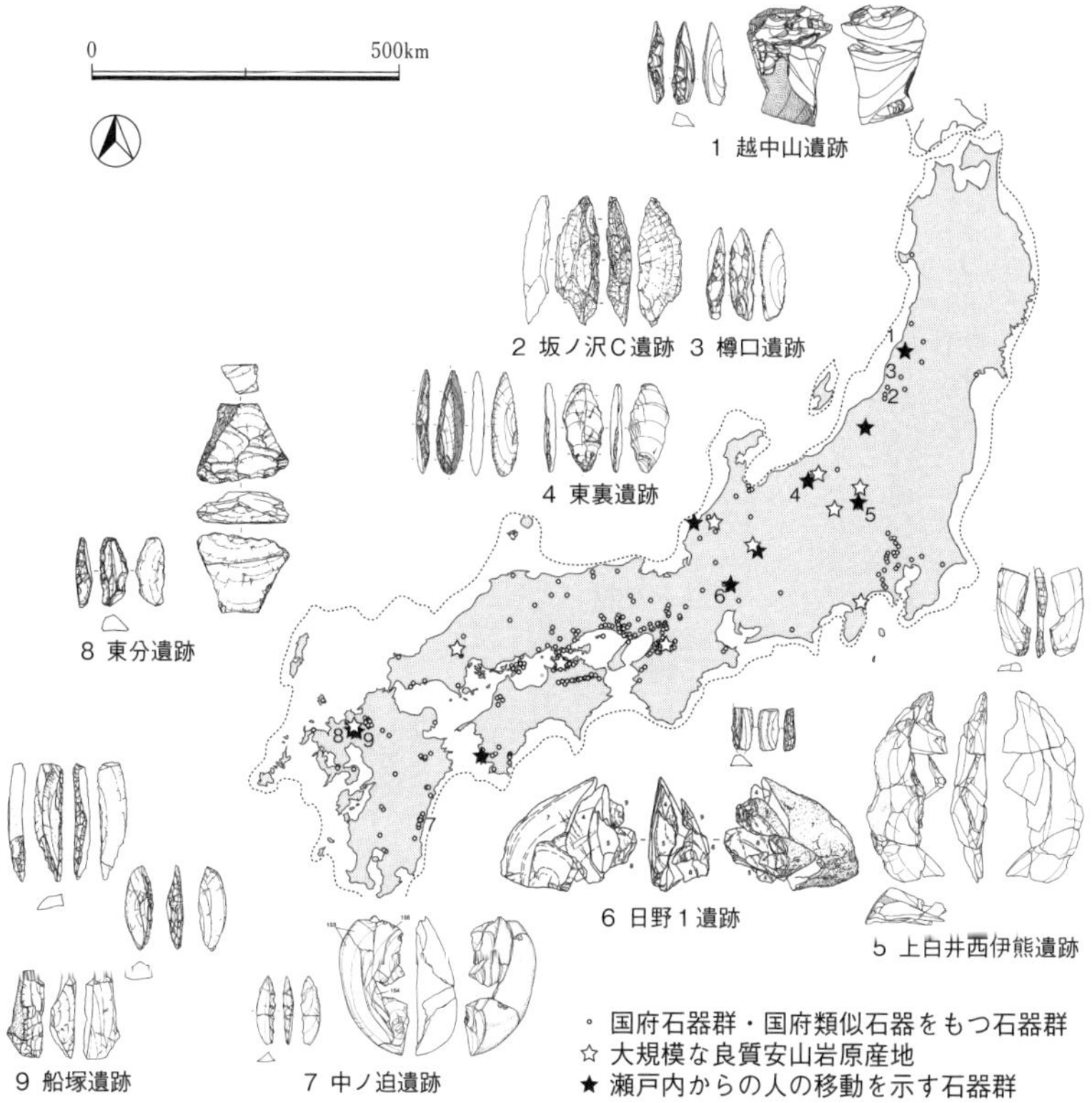


図12−3　瀬戸内集団の移住先（著者作成）
瀬戸内と類似した環境が広がる地域に向けて集団の移住があったとみられる。

イド）をはじめとする安山岩類の大規模原産地を擁することだ。九州西北部から瀬戸内地方を経て東海西部までは、いわゆる瀬戸内火山帯を源とする安山岩地帯が延びている。加えて、北陸から現在の新潟県あたりにも良質の安山岩原産地が点々と延びており、この地域では安定して安山岩を確保することができる。このようにみてくると、古瀬戸内平原の人々が広がったのは、瀬戸内と類似した環境が整っている地域であったと考えるのが妥当ではないか。

生物は特定の環境に適応して生活しているため、その分布は同じような環境下で広がることが多いだろう。現生人類（ホモ・サピエンス）は文化の力によってそうした制約を超えた適応を成し遂げ、全世界に分布域を広げたわけだが、同じ環境にはより容易に拡散することが可能だったはずだ。瀬戸内集団が広域に移動した約三万年前に古瀬戸内平原のような環境が広がったとする証拠はまだ十分とはいえないが、石材や植生帯の分布からみて、移住先には瀬戸内と基本的な環境が共通する地域が選ばれていたことが強く示唆される。

## ■身のこなしに文化をみる

身ぶりやしぐさにはその人が生きてきた社会の文化的背景が染みついている。日本と欧米ではスープを飲む際にスプーンの運びが違うのはよく聞く話。これは顔面の突出具合や口の形が異なっているからだといわれる。中世ヨーロッパの身分ごとの立ち居ふるまいの違いもよく取り上げられる。文化人類学者の野村雅一《のむらまさいち》氏は世界各地の諸民族の身ぶりとしぐさを詳しく紹介しているが、それによれば中世ヨーロッパの農民と上流階級の人々とでは歩容や姿勢に決定的な違いがあり、それが教育によって植えつけられているものだと述べている。挨拶の仕方の違いもよく知られる。私たちはある程度距離をおいて日常的に挨拶をするが、欧米では握手が普通だ。一方、アフリカのサン族では同一生活集団は日常的に挨拶をすることはないといい、こうした人々は先住民社会には珍しいことではないという。

情報化社会で私たちの考え方や知識はグローバルになったかもしれないが、身体技法はそういった情報の流れだけでは伝わらない。生まれてこの方、ひととおりの生活を送る上での身のこなしをどのように身につけたかに大きく左右されるのだ。

だから海外に行った際、あるいは国内を旅した時でもそうだが、身ぶりの意味の違いに気づくことがある。遠くに旅した時は、今一度自分たちのなかば無意識的な行動や身のこなしについてみつめなおしてみるのも面白い。

【参考文献】
稲田孝司 二〇〇一『先史日本を復元する1 遊動する旧石器人』岩波書店
野村雅一 一九九六『身ぶりとしぐさの人類学』中央公論新社
マルセル・モース（有地亨・山口俊夫共訳）一九七六『社会学と人類学』二、弘文堂
森先一貴 二〇一〇『旧石器社会の構造的変化と地域適応』六一書房

## 13　人類進化と健康問題

### ■私たちと病

私たちは様々な病気に悩まされる。ウイルスなどの感染症による病もあれば、生活習慣などからもたらされる病もある。

日々の生活でもよくあるように、ウイルスや細菌の感染が原因となって引き起こされるものが多い。インフルエンザはその代表であろう。スペイン風邪と呼ばれたインフルエンザウイルス感染症は二〇世紀前半に猛威をふるった。もともとオオコウモリを宿主《しゅくしゅ》としていたエボラウイルスがサルなどに感染することによって人間社会にもたらされたのは一九七〇年代。これが数年ごとに流行し、二〇一四年の感染爆発ではアフリカ西部を中心にたくさんの死者を出すなど甚大な被害をもたらしていることを報道から知ることができる。そして二〇二〇年ごろから、私たちは新型コロナウイルス感染症の猛威にさらされ、全世界で空前の被害に見舞われている。

人類はウイルスにさらされる中で免疫を獲得し生き延びていくが、最初にウイルスにさらされた人たちは免疫をもたない。また、外部からもちこまれたウイルスに対しても、その土地の人々は免疫をもたず、抵抗するすべがない。こうして引き起こされる悲劇は、西欧社会による植民地開拓、世界をまたにかけた経済活動などを通じて歴史上いく度も起こってきたのである。

一方、こうした感染症のほかに、もともとすぐれて適応的な理由から進化してきた体の機能が、生活様式の変化のため逆に生きていくにあたって不都合を生じさせ、病気の原因になることもある。とくに激しさを増す社会や文化の変化と、私たち現生人類（ホモ・サピエンス）の身体が遂げてきた適応に齟齬《そご》が生じているのである。

ここでは人類を悩ませる病のうち、ウイルスなどによる感染症と、生活習慣がもたらす病の二つについて、考古学を含んだ人類史とのかかわりから紹介してみたい。

## ■先住民社会と感染症

感染症が人類の脅威となってきた背景にはやはり定住化がある（7参照）。定住によって人口が増え、集住すると人同士が近接して暮らすことになる。牧畜は人と動物（家畜）とが日常的に隣り合って暮らす生活をもたらした。それでも、日常的につながる社会の範囲が狭ければ、感染拡大もそこまでにとどまるわけだが、社会をつなぐネットワークの拡大は、ある地域の感染症を急速に世界中に広げる感染網の役割も果たしてしまう。

カナダの先住民イヌイット社会に詳しい国立民族学博物館の文化人類学者、岸上伸啓《きしがみのぶひろ》氏による

図13−1　スペインとインカの衝突（フアン・レピアニ画）
天然痘に苦しんでいたインカ帝国。皇帝アタワルパはペルー北部のカハマルカでスペイン人の虜囚となった。

と、イヌイットが外部の社会と接触をもつようになったのは二〇世紀前半のことで、ホッキョクギツネの毛皮交易を通じてのことであった。これによって欧米で使用されていた様々な物質文化を受容するとともに、キリスト教への改宗なども進んでいった。ただ同時にもたらされたのが結核などの伝染病であった。五人に一人が感染したといい、この伝染病の蔓延によってイヌイットの人口は激減し、カナダ政府が医療的援助に乗りだす事態となったという。

ヨーロッパ人による新大陸の植民地化に際して起こった伝染病も有名である［図13−1］。一六世紀にスペイン人とインカ帝国との衝突において少数のスペイン人が一帝国を滅ぼすことができた背景には、天然痘に対してインカ人たちが免疫をもたなかったためという説が知られている。ベストセラー『銃・病原菌・鉄』の中でジャレド・ダイアモンド氏が説くところでは、この衝突においてスペイン人による銃火器の使用は限定的で、大きな役割を果たしてはいない。一方、ユーラシアの草原地帯で馴化されてからというもの強大な戦力として重視されてきた馬の働き、そしてスペイン人たちの鉄製の武具の役割はきわめて重要であったとしている。そして、それらとともにスペイン人たちがもちこんだ天然痘がインカ帝国を内部から分断し、帝国の結束力を弱めていたことが決定的であったというのだ。同じような理由でアステカ帝国も弱体化した。移住者がもたらした疫病はほかにもオーストラリア先住民、南アフリカ先住民、ハワイ諸島先住民、北米ミシシッピ首長社会などに致命的な打撃を与えたことが知られている。

日本列島も例外ではない。時代は異なるが、古代日本でも天然痘が猛威をふるったことが知られている。奈良文化財研究所の神野恵《じんのめぐみ》氏によれば、都が藤原京から平城京に移され、律令国家の諸制度も整いつつあった天平七年（七三五）、天然痘とみられる疫病が大宰府管内で流行し始めた。いったんは収束したかにみられたが、天平九年（七三七）四月に再度、大宰府管内で流行が始まると、その影響は一挙に平城京をはじめ畿内まで広がったという。人口の増加も著しかった古代都市において、そのメカニズムが明らかでない感染症はまたたくまに拡大したようであり、多くの農民とともに、時の権力者、藤原四兄弟の命までも奪っている。この天然痘に対して、国を挙げた対策が講じられた。中心となったのは神まつりや寺院での読経、あるいは疫病神を路上でもてなし、侵入を防ぐ祭祀（道饗祭《みちあえのまつり》）、呪符《じゅふ》による疫神の調伏などがおこなわれた［図13-2］。これら

〈表〉南山之下有不流水其中有
一大蛇九頭一尾不食余物但
食唐鬼朝食三千暮食

〈裏〉八百　急々如律令

図13−2　平城京の二条大路に掘られた溝から出土した呪符木簡（赤外線写真、奈良文化財研究所蔵、提供）「南山のふもとに、流れざる川あり、その中に一匹の大蛇あり。九つの頭をもち、尾は一つ、唐鬼以外は食べない」などと書かれている。神野氏によれば、中国の医学書にこれと似た記述があり、それを参考にすれば、南山のふもとに住む九頭龍が感染症を引き起こす鬼を食べることを願う呪符と理解される。

は、当時にあってなしうる数少ない「感染症対策」であった。

こうしたウイルスがもたらす感染症以外にも、病原虫の寄生によって起こるものがある。『感染症の世界史』を著した石弘之《いしひろゆき》氏によれば、定住社会では水の確保が重要であったが、上下水の区別が十分でなかったために感染症がはびこる環境がつくりだされたという。とくに農耕によって生じたよどんだ水深の浅い水路は、巻貝や昆虫など病原体の宿主の住処となった。その代表が、蚊が媒介するマラリアであったという。その歴史は古代エジプトのミイラからマラリア原虫のDNAがみつかった事例にみられるように、かなり古くからユーラシアに蔓延しており、アメリカ大陸にも貿易や入植によって拡大したのは先にみたウイルスや細菌の感染症と同じだ。古代ローマやインダス文明のような都市において、上下水道の分離に腐心した理由の一つもこうしたところにあるのだろう。

世界中を結ぶ交通網が発達した現在、ひとたび始まってしまったパンデミックは、交通や対面そのものを遮断すること以外にその広がりを食い止めることがいかに難しいか、誰もが実感するところとなった。

■進化がもたらす不都合

今度は生活習慣病についてみてみよう。

「倹約遺伝子」という言葉がある。貯蓄に励むヒトの遺伝子のことではない。これは、一九六二年にアメリカの遺伝学者ジェームズ・ニール氏が仮説的に提唱したエネルギー代謝に関わる遺伝子であり、狩猟採集民のように食料不足状態にあると考えられていた人々に生存上の優位性を与えるとした。ニール氏によると、倹約遺伝子をもつ人々はグルコースなどのエネルギー源を脂肪として即座に貯蔵できる能力をもつとされていた。

その後、最近になって関連する遺伝子が実際に発見されているようだ。この遺伝的変異をもつ人は、中性脂肪の分解が抑制される、基礎代謝量が低い、といった特徴をもっており、このためエネルギーを節約できる体質が有利であった時代に人間集団に広がったと考えられる。つまり、ニール氏の想定していたように、食料供給が恒常的に不十分であった時代に倹約遺伝子は生存の可能性を高めてくれたと考えられる。

ごく最近になって西洋文明と接触するまでは、人類史七〇〇万年の九九パーセント以上の歴史をヒトは狩猟や採集をしながら過ごした。自然の恵みに頼る生活は常に安定した食料事情とはいえず、現代では簡単に手に入る糖や塩分や脂肪を豊富に入手できる状況にはなかった。様々な生存上のリスクに対応するため、小集団に分かれて生活し、食料を求めて移動生活を送ってきたのだ。このため私たちの身体は、長く続いた不安定で不足気味の食料事情や生活様式に合わせて進化してきたと考えられるのである。

ところが、文明との接触を経て、それまでよりも安定した食物供給が急速に進むようになると、この遺伝的変異をもつ人は逆にエネルギーが過多となり、糖や脂肪が過剰に蓄積され、肥満や糖尿病を発症しやすくなると考えられている。倹約遺伝子のような遺伝子が集団の中に広がっていくにはおそらく数多くの世代を経る必要があるが、西洋社会のもたらした食生活の変化がそうした進化的タイムスケールに比べてはるかに急速に進んだことで、こうした適応上の不都合がもたらされたと考えられる。

実際、世界中の先住民社会では肥満や糖尿病有病率が増大したことが知られる。ここ数十年の間に、糖尿病（2型糖尿病と呼ばれるもの）の発症例の増大は、アメリカ大陸の先住民、ポリネシアン、オーストラリア先住民、ニューギニアの諸集団などで確認されてきた。北米に住むヨーロッパ移民系統の集団では一〜三パーセントの割合で発症するものが、先住民集団ではきわめて高い比率で発症している。これは高脂肪の食物の摂取量の増加、食物繊維の摂取量の低下、すなわち生活様式の急激な変化と関係しているとされる。

民族誌を通じて先住民の食習慣を詳しく調査した研究では、さらに考古学的にどのような調理施設で、どういった調理方法で、何が食されてきたのかを長い時間軸で整理すれば、各地の先住民に起こっている生活習慣病の遠因を医学とともに突き止めることができると説く。

こうした研究が教えるのは、人類の身体というものは、生存の上で築いてきた生活様式との密接な関係のもとで進化してきたものであり、そのバランスが歴史的経緯や文化変化によって崩れてしまえば、様々な身体的問題が生じることになるということだ。遠い過去に定まった身体的な進化の方向性を引き継ぎながら、文化がそれに背くような方向転換をすれば、その先の結末は自ずと明らかだろう。それもこれも、生物学的進化が起こるような数百万年にわたる長期的なスケールで歴史を知らなければ、十分な対策を取ることは難しい。

## ■日本人の虫歯

身近なところでは日常的に私たちを悩ませる齲歯《うし》（虫歯）も、病の一つといえる。新潟県立看護大学の藤田尚《ふじたひさし》氏は縄文時代と弥生時代の出土人骨を調べた。それによると、縄文時代の狩猟採集民では虫歯をもつ人の割合は八・二パーセントであるのに対して、農耕を受容したのちの弥生時代の人々について二つの遺跡で調べた結果ではそれぞれ一六・二パーセント、一九・七パーセントとなっている。およそ五〜六人に一人の割合にまで高まっているのだ。水田稲作を導入した弥生時代になると、糖質の豊富な米食が広まったために虫歯の発症率が増えたと考えられる。多くの人口を養うことを可能とした米食がもたらした副産物ともいえるだろう。現代社会でも、肥満予防のために糖質制限を加える食品リストの最上位に白米が挙がる。古人骨から過去の人々の食生活や古病理を研究する明治大学の谷畑美帆《たにはたみほ》氏も、同様に弥生時代の人々の虫歯の増加を指摘している。ただし、遺跡や地域によっても偏りがあり、必ずしも弥生時代にすべての場所で虫歯率が高まったわけではないことにも注意を促している。水田稲作の受容に関わる複雑な過程を示唆するものである。

ちなみに、縄文人も狩猟採集民の中では虫歯が多いことで知られている。8でも述べてきたように、日本列島ではドングリやクルミなどの木の実のように、植物質食料を豊富に利用することができる地域が多かったためだとする説がある。藤田氏の研究では、先に示したように、縄文人の虫歯率は八・二パーセント、先史時代の北米先住民で〇・四〜二・四パーセント、近代のオーストラリア先住民では四・六パーセント、肉食を主体とするアラスカやグリーンランドのイヌイットでは一・九〜二・二パーセントと算出された。肉食を主体とする北方世界の狩猟採集民では虫歯の罹患率は非常に低い。

藤田氏の研究では江戸時代の虫歯率は平均して一〇パーセント台であったらしいが、現代日本人の虫歯率は三一・三パーセント。多くの人が朝晩ぐらいはしっかり歯を磨いていると思うが、それでもこれである。私たちがいかに甘味を口にする機会が多いかを改めて知ることができる。こうした例も、食生活の変化が身体に与えた影響と考えることができるだろう。

## ■病をみる歴史のまなざし

このようにみてくると、私たちの身体に起こる様々な不調の根源は、現在から近い過去だけをみていては理解することが難しい発生病理があることが理解できる。人類進化という長い時間軸をとって健康問題の発生病理を探る学問、進化医学や古病理学が重要なゆえんである。また、パンデミックを経験した現在、ウイルスによる感染症が人間社会を大きく変化させてきたことも改めて認識する。

先に紹介したような古人骨を対象とした骨病変《こつびょうへん》から過去の病気の実態を知る研究をはじめ、考古学と連携することによってこうした過去から現代の病の歴史を明らかにする研究が進んでいる。

世界各地に住む人々がどのような由来をもち、またどういった生活様式を築いていたのか。その歴史的変容とはいかなるもので、病はそこにいかなる影響を与えたのか、考古学をはじめ長い時間軸を相手にする学問が有益な情報を提供しうるはずだ。

健康問題はかくも歴史的な奥深さをもっている。たとえば、今日のダイエットには性急で短絡的なものが多いが、それがいかに危険であるかということもしっかり認識しておきたいところである。

【参考文献】
石弘之 二〇一八『感染症の世界史』角川書店
岸上伸啓 二〇〇五『イヌイット—「極北の狩猟民」のいま』中央公論新社
ジャレド・ダイアモンド（倉骨彰訳）二〇〇〇『銃・病原菌・鉄—一万三〇〇〇年にわたる人類史の謎』上、草思社
神野恵 二〇二〇「平城京の疫病対策—医療・まじない・祈り」『奈良の都の暮らしぶり—平城京の生活誌』奈良文化財研究所
谷畑美帆 二〇一六『市民の考古学14 コメを食べていなかった？弥生人』同成社
藤田尚 二〇〇五「歯の人類学—縄文時代人の齲蝕」『老年歯科医学』二〇-三、二三一-二三五
Wandsnider, L. (1997). The roasted and the boiled: Food composition and heat treatment with special emphasis on pit-hearth cooking. *Journal of Anthropological Archaeology*, 16(1), 1-48.

# 第Ⅳ部　現代社会に何が起こっているのか——社会と観念

## 14　向き合う社会

### ■リモートワークで考えること

リモートワークやオンライン会議、オンライン授業がにわかに注目を集めている。昨今の新型コロナウイルス感染拡大防止策として、現実世界での人と人とのつながりをできるだけ少なくするためだ。県をまたぐ移動を自粛する呼びかけの中、私自身も必要に迫られてオンライン会議に参加することがあったが、そこで何ともいえない違和感を抱くこととなった。視界は不自由、会話の間合いも難しい。いちど乱れた会話のキャッチボールを取り戻すのも一苦労である。現実世界では身ぶり手ぶりや微妙な表情の変化を読み取り、臨機応変にコミュニケーションをおこなっていたことを実感する。もちろん、慣れていないということも大きいが、あたりまえのように繰り返してきた現実世界での対面的なつながりと、情報通信機器を介したオンラインのつながりとでは、いまだやりとりできる情報の量や速度に大きな差があるということだろう。

逆の見方をすれば、私たちはこれだけの不便を感じながらも対面してつながる必要がある、と思うわけである。昨今の状況は、情報通信技術の発達を示している反面、顔を突き合わせたコミュニケーションが私たちにはどうしても必要なのだと示しているように思う。

そのはずである。私たちははるか昔から集団をつくり、互いのつながりを大切にしながら、助け合うことで生き延びてきたからだ。日本列島における現生人類の四万年史からも、そのことを確認することができる。

## ■旧石器時代の環状集落

そもそも、ヒトは社会性の生物であるとされ、一人では生存することはできても、当然ながら社会的な再生産をおこなうことはできない。また、家族のように小規模な集団では、病やケガといった不測の事態が致命的となる。

世界各地の狩猟採集民の一集団（バンド）の構成は、数家族から十数家族からなる一五～七五人、平均して二五人程度と報告されている。日本の旧石器時代も狩猟採集民が同じくらいの人数で、簡素なテント状の住居で寝起きしながら移動生活を営んでいたと考えられている。なぜそれがわかるかといえば、遺跡の石器集中部（生活道具である石器をつくる過程で生じた破片の散らばっている箇所）や、焚き火跡といった生活痕跡から、当時の集落や野営地を推測できるからだ。日本で旧石器時代の遺跡と認められるものの多くはこうした石器集中部がいくつか散在するもので、これらの脇にテントが並んでいたと想定する。日常生活を共にする小規模な集団が営んだ集落跡

図14−1　上林遺跡の環状集落推定景観復元図（佐野市教育委員会提供）
日本最大級の環状集落の一つである。

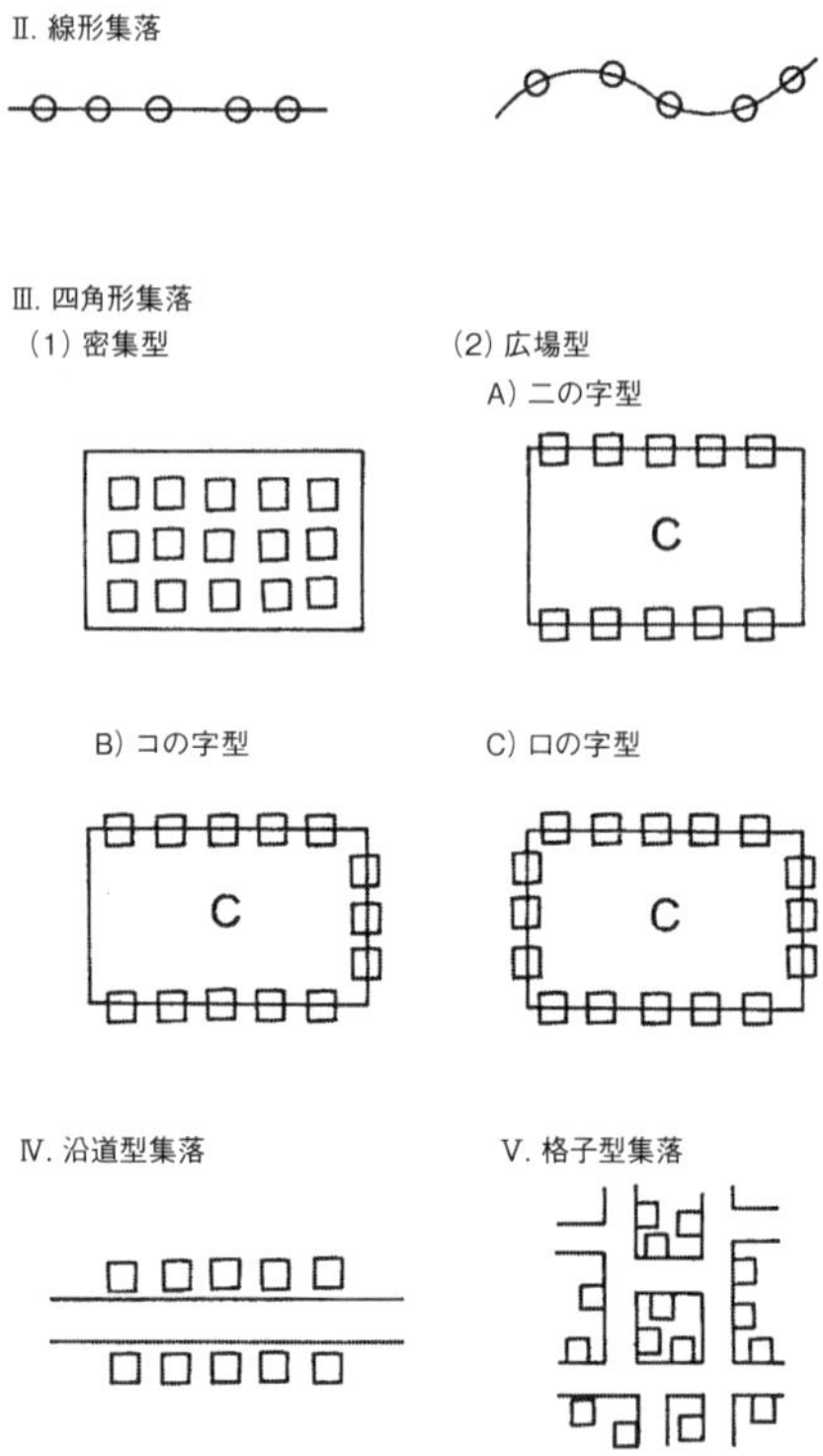


図14－2　渡辺仁氏による集落類型（渡辺仁1986より一部改変）
農耕をおこなわない狩猟採集民では群団形のみが知られ、農耕をおこなう人々では群団形を含むすべてのパターンが知られている。環状集落は各種の構成集団が集まっておこなう活動の場であった。線形集落は水際居住に適応したもので、漁撈活動に結びつく。

だ。

ところが、三万五〇〇〇年前ごろの日本列島に、石器集中部や焚き火跡が大きく環を描くような遺跡が一時的に出現する。環状をなす大集落、すなわち「環状集落」である[図14-1]。このような遺跡では遠方からもたらされた様々な石材が出土していることから、多方面から人々が集結してここで暮らしたと評価する見解が多い。一説では、日本列島にホモ・サピエンスが到来して以降、次第に人口が増え、集団の規模や生活

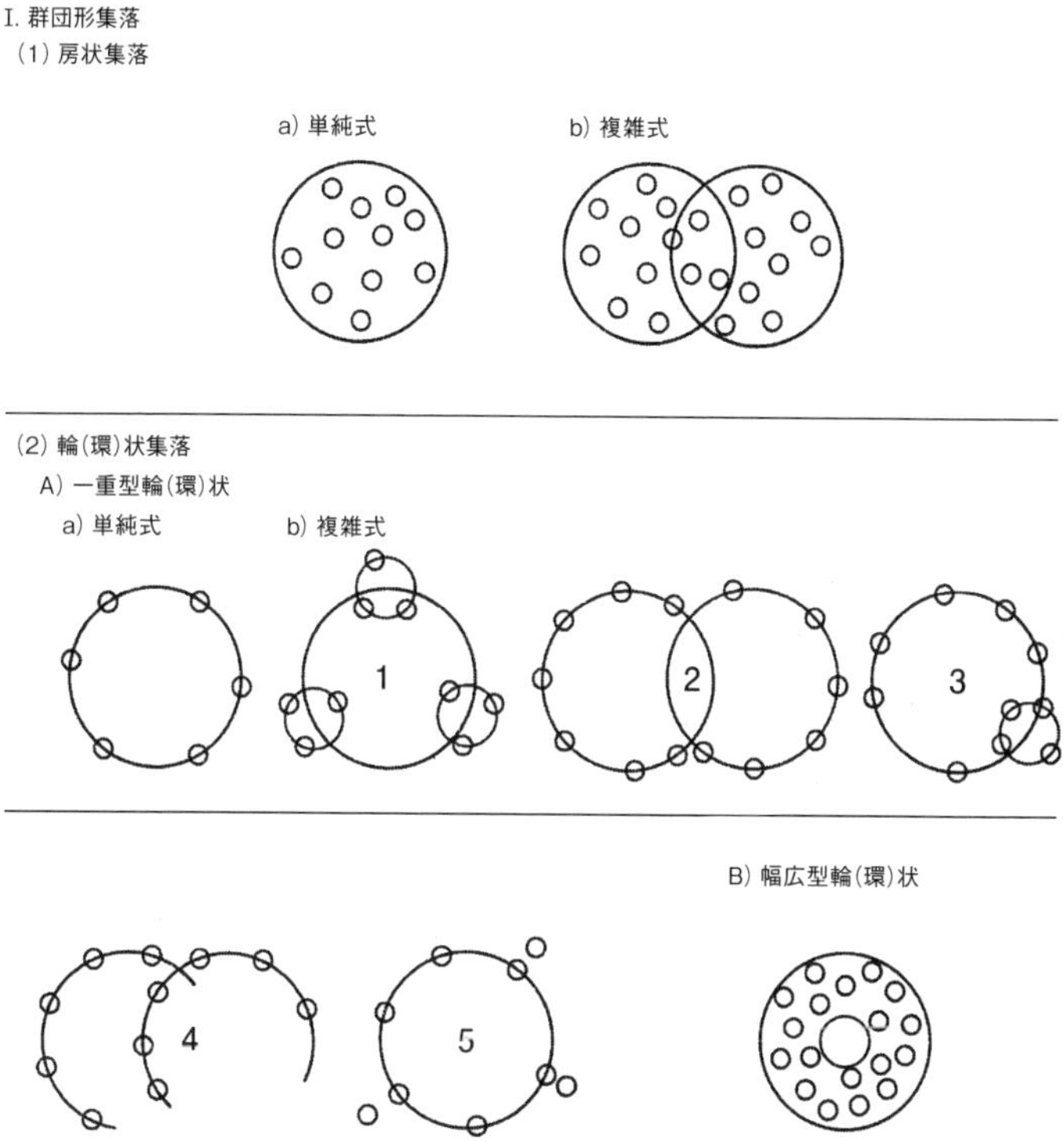


の範囲が拡大する時期にこうした集落が現れるため、食料や石材など集団間での資源利用の衝突を避けるために、隣接する集団が集結して緊張緩和をはかるとともに、相互のつながりを対面によって確認したとされている。

　こういった集落形態は、世界各地の民族誌に認められている。かつて、民族誌から狩猟採集民の集落構造を類型化した渡辺仁氏は、集落形態をいくつかに分類し、そうした配置の理由を社会や経済の観点から研究した［図14–2］。集団生活を営む人間社会は、その社会構成や集合の目的に応じて集落を配置するからだ。最も一般的なのは単純に住居が固まって営まれる集落で、房状の配置になる集落［図14–2、Ⅰ(1)］と、中心広場を囲んでドーナツ状に向き合う、上述の環状集落［同、Ⅰ(2)］があると報告されている。

狩猟採集によって食料を獲得する生活では、気候の年較差や資源の量は生存に大きく影響しうる。ある年には取れた資源が、次の年にも安定して獲得できるとは限らない。必要な時に互いに助け合う関係をつくっておくためにも、隣り合う人々が相互に訪問し、複数の集団が集合することが重要になる。そこで大切なことは、対面的なつながりの維持だ。

## ■完新世狩猟採集民の集落

やがて、約一万一〇〇〇年前以後の完新世においては、気候は安定し、より確実に資源が獲得できるか予測できるようになった。また海に囲まれた日本列島では、豊かな森を育む温帯気候が発達して、山野河海で多角的な資源の利用が可能となった。このころから始まる縄文時代には、ある程度の定住社会が成立する。定住すると、移動生活を営んでいた場合とは異なり、ある集団が資源を開発できる範囲は集落の周囲に限定されて狭くなる。このことによって、それぞれの集団の開発領域が形成されることになる。逆にいえば、開発領域を超えた資源を利用しようとする場合には、隣接する社会集団間で調整が必要となる。ただし、それは「調整」であって、必ずしも他者の「排除」につながるわけではない。領域の境界を物理的・排他的に防衛することは多くの労力をともなうため、通常は隣接する集団の間で相互の訪問・挨拶行動をおこないながら対面し、友好的な社会関係を維持することを前提に、土地の相互利用を認める場合が多い。安定した気候が訪れたとはいえ、自然の恵みに依存した生活では様々な不測の事態が起こりうる。協力関係を築いておいたほうが、明らかに互いの生存のためになるはずだ。

再び狩猟採集民研究を例にとってみよう。「グレートベイスンのインディアン」と呼ばれるショショニやユートといった北米カリフォルニアの先住民集団は、冬場の食料として松の実を二〇〜三〇家族が暮らしていけるほど確保できる場所に集住した[図14-3]。常に同じ場所で松の実の豊作が起こるとは限らないため、彼らが恒久的な土地所有の権利を主張しないのは集団間の互恵的ネットワークが機能しているからだ。

図14−3　グレートベイスンのショショニ族（1870年に撮影されたもの）

各集団の内部ではどうだろうか。先ほどの環状集落は、9でも紹介したように縄文時代の遺跡でよくみられる。約六〇〇〇年前〜三〇〇〇年前の縄文時代前期から後期を中心に、東北・関東・中部高地の遺跡で多く発見されている。典型的なものでは、数十、時に百を超える竪穴住居が、墓や貯蔵穴、広場を中心に取り巻く集落である。これらの住居はすべてが同時に存在したわけではないと考えられているが、集落の空間構造として墓域を核とするものもある。祖先への祭祀を通じて共同体の相互のつながりを維持し、社会の安定を希求する人々の姿が象徴的に表されているといえる例だ。

■国家の形成

因果関係や背景にはさらなる検討が必要だが、西日本では水田稲作の導入以降、遺跡の数などからみて弥生時代において人口の増加が起こったことは確かだとされる。少なくとも水田稲作は生存の条件を向上させたと考えられる。生活の安定は富の蓄積を可能としたであろうし、水田での共同労働には統率者を必要とした。弥生時代後半以降、墓の規模や構造、副葬品に格差が表れるが、社会に階層が成立したことを意味するものである。

社会複雑化の先に生まれた巨大な人口をもつ国家は、個々人の意思の集合としてではなく、統治の目的のために計画都市をつくり、権力が社会のルールを法として定めた。人と人との対面的で自律的な利害調整だけでは社会関係を維持できなくなるためだ。こうなると通常、「環状集落」が営まれることはない。

ただし、これによって国家という大きなシステムの中で個々人までもがコントロールされ、そのつながりさえ必要なくなったということでは、もちろんない。日本列島各地に暮らしてきた人々の地域社会も、対面的なつながりによって結びつけられてきた社会集団のかたちなのだ。旧石器時代以来、多様性豊かな地域文化が育まれてきたのも、列島各地の地域社会を基盤とした自然への適応の結果である。日本の古代国家も、むしろこうした地域社会を活かしながら、それを法と制度で統制することによって広い地理的範囲を統治することをめざしたのである。このため地域文化の境界は先史時代から今日まで大きく変化しなかった。

現代でも、会社や自治会、学校など様々な集団の営みでは、依然として対面的なつながりが重要となっている。こうした集団生活を営むにあたっては、環状や口の字型に向き合っておこなう対面的な集会が重視されてきた。それは、互いの表情や口調、身ぶり、体温までも感じながら向き合うことで、相互の人となりを知り、友好的で協調的な関係を保とうとしてきたからだ。十人十色の社会構成員が、個々の違いを乗り越えて共同生活を営むことができるのも、何万年も前からおこなってきた対面的コミュニケーションあってのことだと改めて気づく。

### ■向き合う社会のゆくえ

こうした歴史を振り返ってわかるとおり、社会の規模や複雑さにかかわらず、共に生活を営む地域社会におけるつながりは、長く人の生きる基盤であった。ところが、人間社会・地域社会を結びつけ、地域における生活を安定させていく上で欠かせなかったこの対面的なつながりが、新型コロナウイルス感染症の猛威によって強制的に遮断されるという事態を世界中の人々が経験した。

いや、それ以前から、高度経済成長を遂げた日本では、さらなる経済的発展を求めて利便性の高い都市部へと人口集中が続き、農山漁村など小規模な地域社会は次第に活力を失って解体を余儀なくされつつあった。情報通信技術の急速な発達と交通インフラの整備によって、人のつながりは希薄化し、地域社会に頼らずとも生きていくことができると思える時代になりつつあった。

したがって、新型コロナウイルス対策はこの方向性を急加速したというほうが正しいかもしれない。ところが、あまりに急激な変化に、私たちはむしろ、仮想的なつながりが本来の対面的コミュニケーションのどれほどを代替できるのか、人と人との現実におけるつながりが断たれることの深刻さに気づかされることになったのである。オンライン会議やオンライン飲み会が現れたことは、情報化社会といえども社会の営みにおいて対面的コミュニケーションが不可欠であることとの裏返しである。そして、それ以上に仮想空間において十分な対面的コミュニケーションがいかに困難であるかも、私たちは知ることとなった。

この先、ポストコロナ時代と呼ばれる時が来ても、人と人との対面的な接触や広範囲の移動には、物理的、あるいは少なくとも心理的な制約が働くことが予想される。情報化社会への歩みがにわかに足どりを速めた今、仮想的なつながりの背後に静かで孤立した個々人の姿が透けてみえたのは私だけではあるまい。人類がはじめて経験するこの「静かな」世界で、私たちは日々の生活をどのように営み、どういった社会を築いていくべきだろうか。情報通信技術を介したつながりの中でも、対面的なつながりの大切さが身に染みてわかった今、私たちは互いにどのように向き合っていけばよいのかを改めて考える時に来ている。（本章は『史学雑誌』第一二九編第七号掲載「つながりのかたち」を改稿した）

**【参考文献】**


佐藤宏之 二〇一九『ヒスカルセレクション考古1 旧石器時代―日本文化のはじまり』敬文舎

森先一貴・近江俊秀 二〇一九『境界の日本史―地域性の違いはどう生まれたか』朝日新聞出版

渡辺仁 一九八六「狩猟採集民集落平面形の体系的分類―社会生態学的・進化的研究」『国立民族学博物館研究報告』一一―二、四八九―五四一

## 15　贈与が結ぶ社会

### ■プレゼントを贈る意味

友人の誕生日にプレゼントを贈るのは、その友人との関係を大切に思うがゆえであり、友人も自分の誕生日に同じようにプレゼントをくれるだろう。対価を支払うのではなく、信頼や親密さに基づく関係が人と人とを結ぶ。狩猟採集民の社会にもそれはいえる。生活集団内はもちろんのこと、ほかの集団との間にも、こういった贈与と返礼によって生まれ維持される互恵的ネットワークが形成されていた。これは集団同士の総体的な関係性であり、貨幣を媒介とした経済的関係で成り立つものではない。

このようなネットワークは何のためにあるのか。一つは生活集団の生存確率を高め、リスクを低減させるセーフティ・ネットとしての役割である。たとえば、北米の先住民の民族誌によれば、カリブー（トナカイ）の群れの狩猟が冬季の重要な生業であるが、カリブーが大規模な群れで移動するのはきわめて限られたタイミングである。その移動経路はおおむね想定できるものの、自らの生業範囲を外れた場合の損失は計り知れない。こうした場合には、隣接する諸集団が互助的な社会間ネットワークを構築し、各々の集団の生活範囲をカリブーの群れが通った場合に、隣接する集団もこれを狩ることができるように取り決めている例がある。また、社会が存続していくための婚姻関係でも、こうしたネットワークは重要な役割を果たす。狩猟採集民研究では、遠く離れた人と結婚することを優先する数多くの事例が知られている。婚姻ネットワークに参加する集団を増やすことは、それだけ安定した婚姻関係を築くことにつながり、ひいては社会の存続を保障することになる。

こうした例からわかるように、相互に融通をきかせることで互いのリスク軽減を狙った地域社会間のつながりは、世界各地の社会で普遍的にみられることなのである。

■互恵的ネットワークのはじまり

こうした互恵的ネットワークは、旧石器時代以来構築されてきたことがわかっている。人口密度の低かった旧石器社会においては、食料を安定的に確保し集団を存続しなければ種としての存続も難しくなるが、そこでは少しの失敗が命取りとなる。近隣集団との関係を良好に維持しておくことは、先に述べた理由からも不可欠である。黒曜石などの良質石材が産地から遠く離れて流通していることは、各地域の人々を結ぶ交流のネットワークがすでにあったことを意味する。

たとえば、後期旧石器時代中ごろに九州南部で起こった巨大噴火によって、九州南部の人々の

図15−1　剥片尖頭器とその分布（石器の写真、鹿児島県桐木遺跡出土。鹿児島県立埋蔵文化財センター蔵、著者撮影。データベース『日本列島の旧石器時代遺跡』〈日本旧石器学会2010〉を元に著者作成）

社会は壊滅したと考えられている。こののち、しばらくして九州南部には再び人が進出するが、その際に興味深い現象が起こる。九州の北から南まで、突然、同じ形の槍先（尖頭器）が使われるようになるのである［図15-1］。これはいったん壊滅した九州南部に再び周辺地域の人々が進出するにあたって、同じ槍先の形を共有することによって相互の結びつきを確認・強化していく過程で生じた現象であったと私は考えている。

また、12で示した国府系石器群の広がりが起こったころ、その分布範囲を越えてほかにも共通した石器が使用されるようになる。「角錐状石器《かくすい》」がそれぞ、西は九州南部、東は東北まで分布する。地域によっては槍先に用いられたり、モノを切る削器や孔をあける錐《きり》として使われるが、そのつくりかたが広い範囲で共通しているのだ。国府系石器群の広がりが象徴するような地域を越えた人の動きが活発な情報交換をもたらし、この情報交換網を通じて伝播した石器づくりの情報が、各地で様々に受容されたことを意味している。

旧石器時代の終わりごろには、北海道を中心に分布していた高度な細石刃製作の技術が本州に広がるという現象もある。これが、地域ごとにそれまであった伝統的な石器づくりと融合するような状況があることから、北海道からの大量移民があったと単純に理解するよりも、ネットワークを通じた人と情報の移動がこの時期活発に起こっていたと理解したほうがよい。

こうした例は、あくまでわかりやすい事例だ。こうした特徴的な事象があった時に限らず、基本的には地域を越えた社会のネットワークが存在していたと考えるべきだろう。

## ■定住社会におけるネットワークの安定化

続く縄文社会では、旧石器時代に比べて、広域に及ぶ社会間のネットワークの安定を示すような証拠がはるかに多く得られている。たとえば、硬玉《こうぎょく》ヒスイや黒曜石、貝輪《かいわ》（貝製の腕輪）、アスファルトなどが特定地域を越えて広域に運ばれているのは、まさしくこうしたネットワークを介しておこなわれた交換によるものだ［図15-2］。地域ごとの定住生活が中心となったことで、婚姻や物資の交換をおこなうために、かえって地域を越えたネットワークを重視しなければならなくなったのだ。

地表に噴出するマグマごとに化学組成が異なることを利用し、理化学的な手法によって産地推定分析が進む黒曜石により、ダイナミックな先史社会のネットワークが存在することが明らかになってきた。中でも、信州の中央部、和田峠から霧ヶ峰・八ヶ岳の一帯に分布する黒曜石鉱山から採掘された黒曜石は、関東・中部を中心に、北は青森県の三内丸山遺跡や、北海道南部の館崎《たてさき》遺跡まで広がっていたことが知られている。逆に北海道に産する石材が、広く東北で石斧用石材として流通していたこともわかってきている。青みがかった縞模様をもつ通称アオトラ石と呼ばれる変成岩だ。双方向的なネットワークであることがよくわかる事例だ。

漆のように結着材として用いられたアスファルトも、秋田県や新潟県下の油田地帯が産地の中心であるため、縄文時代の交易を表すものとしてよく取り上げられる。その広がりも北海道から

図15−2　縄文時代中期〜後期のヒスイの出土遺跡の分布（国立科学博物館2004の図3−1−8を元に著者作成）
東日本に濃密に分布し、密度の高い社会間ネットワークを示す。晩期にかけては沖縄本島にも分布が認められる。

西は中部までと広大だ。このほか、硬玉ヒスイは新潟県の姫川流域で産するものが用いられ、やはり北海道にも数多く伝えられているだけでなく、はるか南西の沖縄でも出土している。逆に、南海産の貝類でつくった貝輪が、遠く内陸や北方に運ばれていることも社会を結ぶ交易の具体的な物証として重要である。

ただし、こうした交易に基づいて生活物資のすべてを得ていたわけではない。その比率は数パーセント程度であったと見積もる研究もある。物資そのものの重要性というよりも、それによって結びつけられるネットワークの存在が重要なのであろう。

水田稲作をはじめ食料生産社会になり、地域社会の自立性が高まったとしても、むしろ婚姻関係や地域では入手できない物資をめぐって、地域間のネットワークは強化されても途切れることはなかったと考えられる。つまり、人と地域、地域と地域が、互いに縁をもたずに生きてきた歴史は、通常は考えにくい。

## ■贈与が結ぶ社会

先史社会、伝統的生活を送る社会では、相互の社会はこのようなネットワークで結ばれ、社会を移りゆく贈り物のやりとりが相互に助け合う関係を築いていた。本章の冒頭に書いたこととは矛盾するが、私たちにはもっと打算的な気持ちが働くこともある。モノを与える代わりに、将来的な利益を期待する思考だ。ところが、伝統的な社会でおこなわれる贈与はこうした直接的な見返りを求めておこなうものでは決してない。

そもそも贈与は具体的な貨幣的価値で換算できるようなものではないのである。人類学者マルセル・モースが報告しているように、たとえば、マオリの人々はモノには「ハウ」と呼ばれる霊のようなものがあると考える。ある人のモノが他者にわたり、さらに他者にわたっていく際に、それと同等以上のものをお返ししないかぎりつきまとう、負い目のようなものを言い表した概念である。

モースによれば、「なにかを貰《もら》うということは、そのものの霊的実在の一部、そのものの霊の一部を貰うことであるからである。かようなものを保持しつづけることは危険であって、生命にかかわることである」。人と人との間がモノを介してつながれていく、その背景を説明する概念といってもよい。しかもそれは二者の間に生まれるのではなく、必ず第三者が介在することが重要である。したがって、モノはある人物のもとにとどめられてはならず、一時的に占有されるだけなのだ。ハウを共有することによって、与えたモノはやがて別の形をとって還る。人類学者の奥野克巳氏はモースの研究を引用しながら、「ハウは贈り主の元に戻りたがるので、別のモノにのせてお返ししなければならない」と表現している。こうしたやりとりを通じて、社会に結びつきが生じている。ハウは贈与の輪を駆動する霊力のようなものであり、貨幣的な経済的価値のみに置き換えられるものではないという。

こうした関係を壊したのが資本主義であるとされる。私たちは資本主義社会に生きるが、そこでおこなう「交換」とは「贈与」とはまったく異なるものだ。交換とは、いかなる社会的・人格的関係性も存在しない売り手と買い手の間で、貨幣をなかだちにしておこなわれる物質のやりとりである。毎朝、通勤や通学途中に訪れるコンビニで昼食を買ったからといって、売り手と買い手の間に何ら社会的紐帯《ちゅうたい》が形成されないように、貨幣を通じて動く経済に人を結びつける力はない。

■人と人が結びつくということ

定住社会において形成が進んだ地域社会間の物資の流通と、伝統的社会でそうした流通の背後にあったと考えられる贈与が、人と社会を結ぶ重要な行動であったことをみてきた。

ところで、最近は近所づきあいが少なくなったとの声がいたるところで聞かれる。国の世論調査の類をみても地域社会のつきあいの希薄化がずいぶん前から指摘されてきた。情報通信技術が発達し、経済的発展によって生活水準が向上して利便性が高まったために、地域社会における相互扶助の必要性が低くなったのではないだろうか。

情報通信技術は、人々が結びつくあり方を根本的に変化させた。ソーシャル・ネットワーキング・サービス（SNS）によって見ず知らずの人間が相互に意見を戦わせている。地域社会の成員でなく、情緒的関係をもたない他者は、一昔前までは直接的なコミュニケーションの対象ではなかったが、SNSはそれを可能とした。情緒的な関係性がない他者に向けられる剝きだしの感情のぶつかり合いが、相互に深く人を傷つけ、多くの社会問題を引き起こしている。贈与からウェットな感情、モノに宿る霊性などを資本主義経済が奪い取っていったのと同じように、人と人とのつながりにおいてはSNSが渇ききった剝きだしのコミュニケーションを提供している。それは本当に人々を結びつけているだろうか。

現代社会をみれば、交通網・情報通信網の著しい発達に支えられた経済発展は、自らが所属する地域社会内部で互いに助け合う必要性を低下させた。情報通信技術を使って購入した様々な物資やサービスは発達した交通網で自宅に届けられる。地域社会はおろか、家族以外の者との結びつきさえ（あるいは家族でさえ？）必要性が認識されにくくなっていくのかもしれない。

しかしきわめて高い利便性に支えられている一方で、発達した交通網や情報通信網というものも、現実に存在するインフラによって成り立っている以上、それを寸断してしまうような不測の災害にはもろい。人と人とのつながりのない社会、人と地域社会の孤立は、著しくしなやかさ（レジリエンス）を欠いた社会をもたらしたようだ。実際、今回の新型コロナウイルス感染症拡大の影響を受けて、いったいどれほどの人が、他者との日常的コミュニケーションを奪い取られたことで心の平穏を乱されたことだろうか。

こうした事態に対抗する戦略をいいあてることは簡単ではない。ただ、これまでの歴史が示すように、人と人との情緒的なつながりを維持し、地域が地域によって生きる力を取り戻すことがその第一歩となることは間違いない。

## 【参考文献】

今村仁司 二〇〇〇『交易する人間（ホモ・コムニカンス）―贈与と交換の人間学』講談社
奥野克巳 二〇一八『ありがとうもごめんなさいもいらない森の民と暮らして人類学者が考えたこと』亜紀書房
中沢新一 二〇〇四『カイエ・ソバージュ5 対称性人類学』講談社
マルセル・モース（有地亨訳）一九六二（二〇〇八新装版）『贈与論』勁草書房

# 16　墓じまい考

## ■地域社会で営む葬式

京都府にある私の地元の村では今でも「両墓制」と呼ばれる墓制が続いている。両墓制というのは、民俗学者の柳田国男が昭和の初めごろに報告した墓葬のあり方だ。遺体を埋める墓（埋め墓）と、石塔を立てて墓参りをおこなう場所（詣り墓）が別々に分かれているものをいう。それぞれの呼び方は地域によって異なるが、私の地元では前者はミハカ（御墓）と呼ばれ集落のはずれに、後者はセキトバ（石塔場）と呼ばれ集落の中心のお寺の背後にあった。子どものころ、墓参りは必ず二箇所に行くものだとばかり思っていたが、じつは近畿から東海や四国などを中心に残る、現代では稀な墓葬のあり方だとあとになって知った。衛生面や観念としての死穢《しえ》を遠ざけるため、遺体の埋葬地を集落から離して設け、祭祀の場を集落の中に設けたという説がある。埋め墓は石塔や墓石が普及する近代以前の土葬墓地の景観と実態をよく伝えているともいわれる。

一〇年ほど前、私の祖母の葬送も旧来の伝統にのっとっておこなわれた。私の村では親族のつながりや与力《よりき》と呼ばれる互助関係が今でもゆるやかに残っているので、葬儀の準備は喪主の父とその与力が中心となって取りしきり、全体の作業は親族総出で分担した。葬式は死後四日目のことで、寺で葬儀をおこなったあと、寺から長い親族の葬列をつくってミハカに向かう。私は天蓋《てんがい》と呼ばれる傘のようなものを棺に差しかける役をした。ミハカでは四阿《あずまや》の下に砂時計状の形をした蓮台とみられる台座があり、その上で棺を三回転半、回しながら経を唱え引導を渡すと、棺を残して葬列は去る。棺は、親族以外の人々によって人目につかないうちに墓坑に納められるという次第だ。その後、親族全員で直会《なおらい》をおこなう。

## ■進む葬送の簡略化

両親に聞くと、こうした伝統的な葬式をおこなったのは久々のことだという。明らかにこのような葬式は家族・親族の深いつながりが残る地域社会の結びつきがなければ実現不可能だ。最近では地元でも隣町まで行って火葬をするのが一般的になっていると聞いて、自分の集落でも葬制が変化していることを知った。あまりの希少さゆえに、この葬送習俗を記録した書籍も刊行されている。伝統的な葬式を維持していく力が失われつつあることを実感した。

それどころか、二一世紀の現代では、墓のあり方がもっと劇的に変わろうとしている。遠く離れた故郷にある先祖の墓を維持管理できない人が増えたため、墓の役割を終わらせ、自宅での手元供養や、寺などに祭祀を委託する永代供養墓への合祀、遺骨を山や海にまく散骨、驚くものにはスマートフォンでの供養など、著しい簡便化がはかられているのだ。いっとき話題になった、いわゆる「墓じまい」である。

子どものころ、盆や彼岸には親戚が集まり、墓参りをした。仕事に就いてなかなか墓参りができない時があると、何となく罰当たりな気がして落ち着かなかったものだが、「墓じまい」という言葉に自分の育った時代が大きく変化していると感じた。人口減少、少子高齢化による地域社会の解体と、大都市への人口集中といった社会変化を受けてのことだろう。自分が育った村の「両墓制」にも、やがては墓じまいの波が及ぶのかもしれない。

## ■遊動する人々の墓

人間社会において墓はどのような役割を果たしてきたのだろうか。日本列島における墓の歴史を簡単にみてみよう。

遊動型の狩猟採集民が生きた旧石器時代から、土葬や風葬があった事例が知られている。北海道知内《しりうち》町の湯《ゆ》の里《さと》4遺跡は、旧石器時代から縄文時代にかけて続いた遺跡である。旧石器時代の二万年前ごろの文化層の発掘調査中、径一メートルほどの楕円形に赤い顔料がまかれ、コハクの玉などを副葬した遺構がみつかった。人骨などは出土していないものの、その大きさや遺物の出土状況から、国外の遺跡でも発見されているような土壙墓であったと考えられている。これが国内最古の土壙墓の例だ［図16-1］。

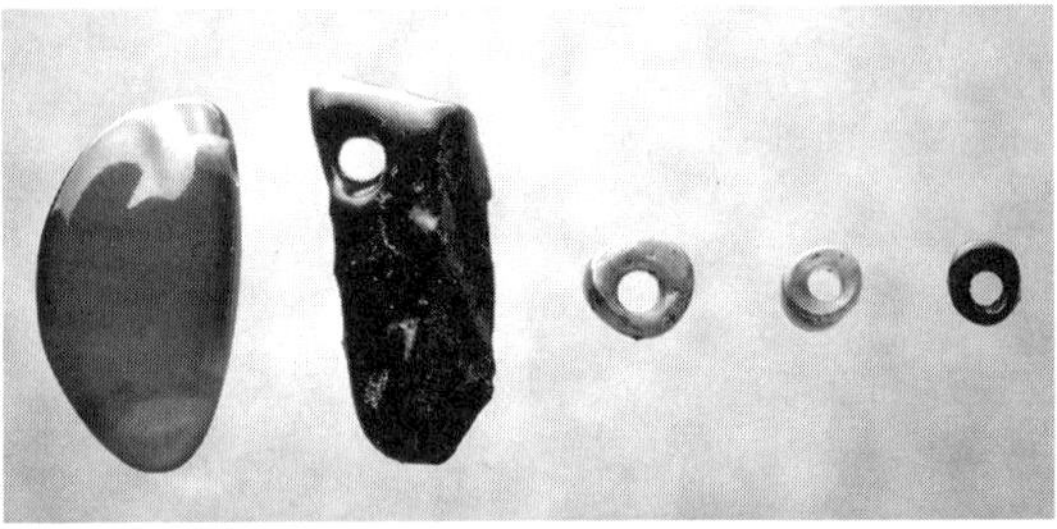

図16−1　北海道知内町湯の里4遺跡出土の玉類（重要文化財、知内町教育委員会蔵、提供）
旧石器時代の土壙墓から出土したもの。副葬品と考えられている。

琉球列島では昭和時代まで石灰岩の岩陰に遺体を安置する風葬の習俗があり、のちに骨化した遺体を蔵骨器《ぞうこつき》（厨子《ずし》甕《がめ》などと呼ばれる）などに納めなおす（改葬）習俗もあった。沖縄県石垣市の新石垣空港建設中にみつかった白保《しらほ》竿根《さおね》田原《たばる》洞穴遺跡では、石灰岩洞穴に一九体分以上の人骨が残されていた。調査中から先史時代の墓地遺跡の可能性があると考えられていたが、埋葬などの証拠があるわけではないので、慎重な年代決定や状況証拠の分析がおこなわれた。年代測定の結果は約三万年前〜二万年前、洞窟内の土や骨は外から津波など自然の営為で一気に運ばれたものではないこと、しかも人骨の一つには明らかに人為的に安置された状況が認められたことなどから、更新世の墓地遺跡であると評価され、「史跡」に指定された。

最近までおこなわれていた洞窟への葬送という習俗の原形が、このころからあったことすら想像させる。海に近い崖や洞窟は他界との境であるとの世界観までもがもし共通していたとすれば驚くべきことである。しかし、こうした例を除けば旧石器時代の墓の痕跡は決して多くはない。

■共同体の結束と墓

他方、定住化が進む縄文時代早期以降、遺体を地中に埋葬する土壙墓が列島の各地で広く確認されるようになる。旧石器時代にはこうした痕跡は、可能性があるものを含めても、きわめて稀だ。旧石器時代の遺跡そのものは数多く検出されているので、土壙墓の数がきわめて少なかったのだと考えられる。この変化はかなり大きなものだ。そもそも旧石器時代には土地そのものに手を加えた遺構自体が乏しかったが、縄文時代には土地への定着化が進んだことによって、竪穴建物や墓など、固定的な不動産を多くつくりだすようになった。

定住とともに起こるのが、生活共同体が認識する「景観」が、次第に固定されていくプロセスである。自らの住む集落とその外に広がる「ハラ」とを区別してその外には「ヤマ」があるとし、そうした生活舞台に認められる川や巨石、巨木などに名づけをおこなって、自分たちの息のかかった味方に引きずり込んでいくことで「景観」がつくられた。これを小林達雄氏は「縄文ランドスケープ」（ランドスケープ＝景観）と呼ぶ。この中で、此岸《しがん》（現世）と彼岸（他界）は自らを取り巻く周囲の土地や風景に具体的に関連づけて認識されるようになり、墓が設けられる空間は墓域として限定されていくと考えられる。墓域は環状集落のように集落の中心にある場合もあれば、集落とは別の場所に設けられることもあった。いずれにしてもそこは他界との接点であるとともに、祖霊とのつながりを確認することのできる場であった。少なくともこれ以降、墓は共同体と

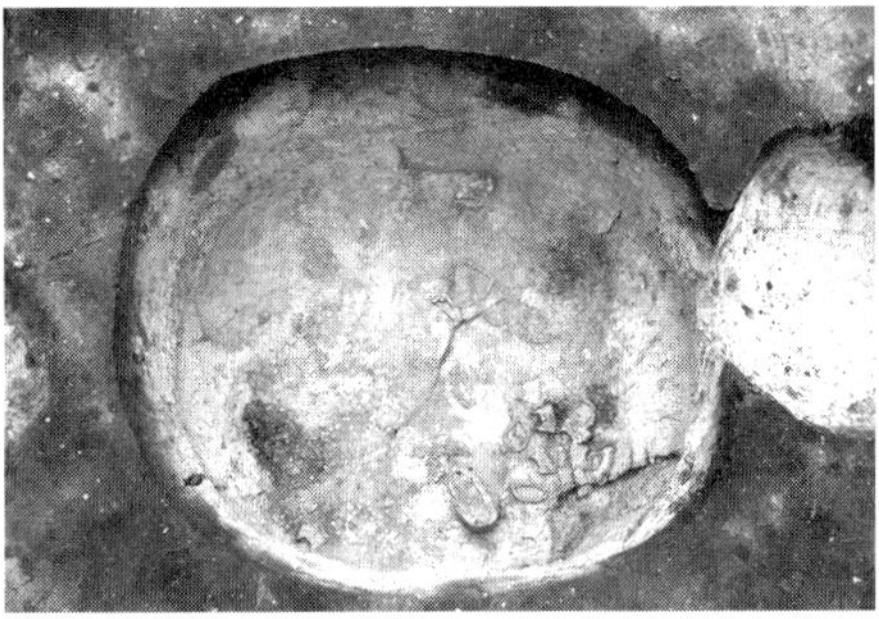

図16−2　漆製品を含む豊富な副葬品をもつ縄文時代の墓（史跡カリンバ遺跡、恵庭市郷土資料館提供）
縄文時代後期から晩期にかけての墓が多数検出された。この119号墓では2体が合葬されたと考えられており、中には赤い顔料（ベンガラ）がふりまかれていた。

しての地域の人々の結びつきを確認し、維持する装置としての役割を果たしてきたのだ［図16-2］。

弥生時代後半以降になると、墓の規模や構造に格差がみられるようになり、社会に複雑な階層性が現れたことがわかる。墓は単なる遺体の埋葬地であるだけでなく、政治的モニュメントとして統治システムに組み込まれたのだ［図16-3］。古墳時代の研究では、こうした墓どうしの関係性を読み解き、政治的な権力関係の動態を分析する。だが、地域の一般的な墓制は、その後も土葬（土壙墓）であったと考えられる。

なお、現代日本では九九パーセント以上が火葬である。そのはじまりは『続日本紀』にみるように、唐で学んだ僧道昭《どうしょう》が、文武天皇四年（七〇〇）に、遺言により荼毘に付されたのが最初とされる。大宝三年（七〇三）には持統天皇が天皇としてはじめて火葬された。火葬は仏教を国家宗教として受容していく中で、仏教と結びついた葬送の方法として開始され、その後も尊貴な人々の間では火葬が普及した。平安時代以降には庶民にも火葬がおこなわれることが増え、近世には都市部を中心に土地不足などもあって火葬が普及したとされるが、土葬自体は広く認められ

図16−3　権力を象徴するモニュメントとしての古墳（百舌鳥古墳群のミサンザイ古墳、奥は大山古墳。朝日新聞社提供）
墳墓によって権力を象徴した列島独特の文化である。2019年に世界遺産リストへの登録が決定した。

る墓制であった。
火葬が急速に広まったのは、近代以降、火葬を広くおこなっていた欧米の影響や、伝染病対策として火葬が政府公認のものとなったことが大きな要因らしい。

## ■墓じまいと共同幻想の解体

吉本隆明氏はその有名な著作『共同幻想論』の中で、農耕民のように土地に定着した人々は他界を空間的に限定するが、移動生活を営む人々には必ずしもそうした場所性がないとし、社会のあり方は他界観にも影響することを指摘したが、たしかに当を得ているように思う。

『共同幻想論』が指摘するとおり、社会や宗教によって墓のかたちは異なる。たとえば、狩猟採集で野山に生きる者、川沿いや海辺で漁撈や海獣漁を生業とする者、野を拓いて土を耕し農耕を営む者では、それぞれ異なる死後の世界観がある。広くおこなわれている土葬や火葬のほかにも、たとえばガンジス川の水葬や北米北西海岸先住民の樹上葬、ポリネシアの舟葬などがあり、それぞれに細かな違いを挙げればきりがないほどだ。

先にみたように、日本列島でも移動生活を営んでいた旧石器時代には、墓域のような場所がみつかる例はきわめて稀であった。縄文時代以来、自らの暮らす景観の中に設けられた他界との区別が明確化していくことで墓域が形成された。古代以降、仏教の影響、衛生上の配慮や土地不足などもあって、火葬が加わっても、人々は地域の中に共同墓地を設けて集団の祖霊を祀り、そのことを通じて社会の結束を確認してきた。土地に定着した生活を営むようになってからというもの、葬送は社会を安定して再生産していくために必要な共同祭儀であり続けてきたのだ。

こうした歴史をみる時、「墓じまい」はまさに解体されゆく現代の地域社会そのものを象徴していることがわかる。それでも墓に対して何らかの祭祀をおこなおうとするのは、墓を祖霊が宿るものとみる意識がまだ残っているからだろう。しかし、もし「墓じまい」の行き着く先が個人のスマートフォンの中での墓参りであるならば、そこには個人どうしは情報ネットワークによって直接的に結ばれるものの、先祖からも地域からも孤立した静かな世界が広がっていることだろう。地域との結びつきを失った墓は、当然ながら社会統合の力をもつことはない。墓そのものが情報ネットワークの中に仮想される時、共同幻想としての他界観は失われ、完全に個のものとなるのだ。

【参考文献】
小林達雄　一九九六『縄文人の世界』朝日新聞社
高橋繁行　二〇二一『土葬の村』講談社
古川順弘（新谷尚紀監修）二〇一七『現代人のための葬式とお墓の日本史』洋泉社
吉本隆明　一九六八『共同幻想論』河出書房新社

## 17　個人と集団、平等と格差

### ■個人と集団

家族、地域、組織、国家といった集団や組織の中で生活を送っていると、自分の思いどおりにならないことに煩わしさを感じることも少なくない。それは、いかなる集団にも、個を超えた集団の論理が存在するからだ。意に沿わないことにも妥協し、ふるまうことも必要になってくる。あるいは集団の内部に大いなる格差が生じ、個々人の声など届かなくなってしまうこともある。にもかかわらず、ほとんどの人はなぜ集団に身を委ねるのか。

その答えは14でみた「向き合う社会」にあった。か弱い人類は個人や少人数の家族だけでは安全を十分にははかれない。食料確保のトラブル、病やケガ、他者からの攻撃など不測の事態があればどうなるかを考えれば自明のことだ。

人が集団をなすのは、おもにこうした不測の事態に備え相互に助け合い、社会を安定して再生産していくためだと考えられる。日本列島でも、旧石器時代には数家族が集まるような生活集団が社会の基本であったと考えられる。後期旧石器時代前半期の「環状集落」などにみられるように、時にはこうした生活集団が複数集合することもあった。縄文時代には地域を越えた物資の流通も認められた。地域を越えた水平的なネットワークの形成によって生存の確率を高めようとしていたことを示している。

## ■平等の原理を振り返る

個々人や個々の生活集団だけでなく他者・他集団とつながる意味はこのように考えられる。ではそうした集団に階層性が生まれ、支配と非支配の関係が生じるのはなぜだろうか。また大多数の個々人はなぜ非支配や不自由に甘んじてきたのだろうか。

まず、そうした階層的な社会秩序は、日本列島の歴史のいつごろから始まったのかをここまでの議論から振り返っておこう。旧石器時代については16で紹介したように、墓の痕跡そのものが乏しいが、世界的には、社会的な扱いの違いを示唆するような埋葬事例も知られてはいた。一方、縄文時代になると、地面に穴を掘り遺体を埋めた土壙墓が数多く築かれるが、その中に顕著な規模や構造の格差をみいだすことは難しいものの、9で取り上げたように環状集落の中央に葬られる人々は、何らかの異なる扱いをされた社会構成員とする研究もある。東北日本の一部では、そこに石鏃の完成品や玉類を副葬する個人のための厚葬墓が現れる。たしかにそこには格差につながる扱いの違いがあると考えられる。しかし、弥生時代の初めごろまでは、一部の地域を除いて集団内部の格差や階層差が安定して生じることはほとんどなかったようである。個々人あるいは小グループが狩猟や採集行動によって生計を成り立たせていた旧石器時代や縄文時代の狩猟採集民社会においては、集団内部の格差は固定化してはいないのである。

ただし、改めて注意しておきたいのは、狩猟採集民社会であってもモノや富に対する欲求・欲望、自己中心的な意識がないわけではないということである。9で確認したように、じつは個々人にそうした利己的な感情が抱かれていることは、世界の狩猟採集民の民族誌から報告されている。しかし、「生存」を目的とした集団は、そうした利己的な行動を是とせず、利己的な欲を幼いころから殺《そ》いでいくことによって、共有を前提とした平等原理を「あたりまえのこと」として浸透させることで個を抑圧し、集団の存続を達成しようとしてきたのであった。

## ■階層的な支配

では、集団に平等を求める力が働いていたにもかかわらず、やがてその内部にもてる者ともたざる者、すなわち財力や権力、地位の格差が生じていくのはなぜなのだろう。

日本の歴史教科書などでは、弥生時代に入ってしばらくのち、水田稲作が浸透したころに階層差が目にみえて始まると教えている。たしかに、土地を切り拓いて水田とし、稲作が普及したことで、社会のいくつかの点が大きく変わった。まず人口支持力である。生産力が大きく向上し、生活水準が向上するとともに、養うことのできる集団の規模が大きくなったのだ。次に、集団の生活水準が大幅に改善すれば、集団のために個を犠牲にする必要性が低くなるため、富を蓄える野心的な個人も出現しやすくなることは、先に述べてきたことから予想できる。同時に、社会の規模が拡大し耕地面積も拡大すれば、集団や労働を統率するリーダーの必要性も権力も高まった。さらに、土地の所有をともなう水田稲作は、集団と隣接集団との利害調整も必要とした。集団と集団との社会インフラ整備にともなう利害調整を担ったのは、集団を代表する力をもったリーダーであっただろう。つまり、ある個人が集団の中で抜きん出た力をもちうる素地、あるいはもたねばならない条件が整ったのである。

統率者が現れる状況そのものは、ややこしいようだが小難しく考える必要はない。私たちの日常生活でも集団が集団として、組織的行動によって目的を達成しようとする時、あるいは別の集団と交渉しようとする時、個々人が思い思いに行動するのではだめで、どうしても統率者の存在が必要となる。旅行でも、掃除でも、仕事でも、グループでおこなう物事は何でもそうだ。私は職務として発掘調査をおこなうが、発掘調査は掘り手が好き勝手に掘ればよいというものではない。どの土、どの遺構をいつ、どのように調査するのか、最終的にどのような状態をめざすのかといった全体の作業計画の中で、個々の作業をうまく進行させないと、決して期間中によい成果を上げられない。そのためにリーダーが定められる。

ここで取り上げているのは、集団の統率者が歴史的に権力と財力を手中にし、多くの人々を支配するようになっていく時代のことである。弥生時代には山陰や吉備、畿内といった地域ごとに、

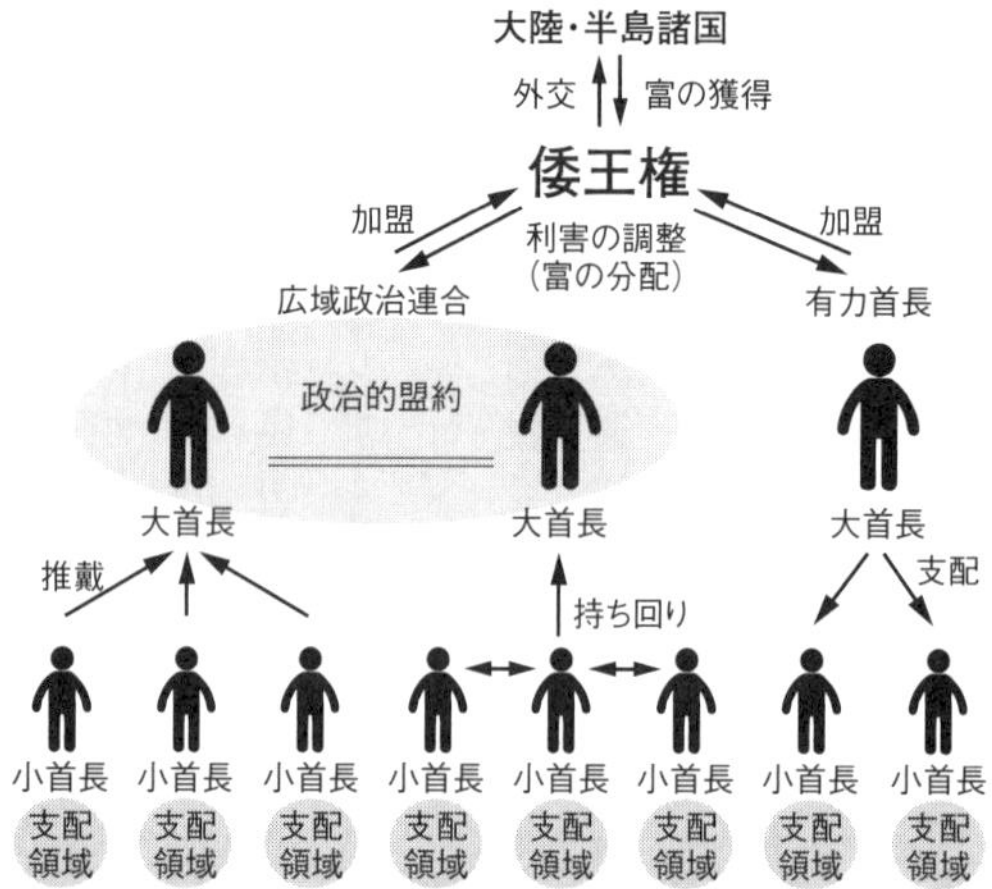


図17−1　倭王権の構造（森先・近江2019より）
王権が突出した力をもつ階層的政治構造であったと考えられる。

政治的な階層性をもったまとまりがあったことが知られている。それが古墳時代になると、琉球列島と東北北部・北海道を除く日本列島の各地に、前方後円墳、前方後方墳、円墳、方墳などいくつかの種類の古墳が、ひしめき合うように築かれた。こうした現象が起こった背景には、各地域を治める首長たちが相互に祭祀のあり方を共有していたこと、したがって共通の宗教的基盤があったことが想定されており、広域に及ぶ政治連合が構築されたことを意味すると考えられている。弥生時代の地域的なまとまりが、古墳時代に地域を越えた範囲で連合というかたちに統合されていく［図17−1］。

## ■ネットワークの拡張と国家

国家はこの歴史的方向性の上に成立した、巨大な集団の統治・調整機関である。もちろん、いかなる時代のいかなる集団も、その規模と統治能力とがバランスを欠けば、容易に分裂しうるし、日本列島においても国家的統合を志向する動きは一度きりではなかった。古代律令国家の成立と解体の過程、琉球王朝の成立過程、明治期の近代国家形成など、日本史上の諸政権の盛衰をみれば、そのことは明らかだろう。この意味で、集団の統合の歴史は、一方向への単なる進歩や発展などではなく、様々な時代と地域を舞台とした統合と解体の繰り返しの歴史だということに、とくに注意が必要である。

今再び、集団の統合のあり方は大きな転機を迎えているようだ。それは世界中の個々人が未曾《みぞ》有《う》の規模で、直接に情報ネットワークでつながる社会が出現しているからだ。社会ネットワークの階層性と水平性から歴史を整理し直したスコットランド出身の歴史学者、ニーアル・ファーガソン氏の表現を借りれば、個々人をつなぐ情報ネットワークが水平的に拡大し、国家による階層的管理が行き届かなくなっている。どういうことか。

ファーガソン氏いわく、私たち現生人類（ホモ・サピエンス）は優れたネットワーク形成能力を有し、ネットワークでつながれた社会生活を基本として生き延びてきた。上下関係のない横のつながりとしての「水平的なネットワーク」と、支配関係をともなう「階層的秩序」は常に緊張関係にあったが、人類の歴史の大半で世界には階層制が敷かれていた。それは、膨らみ続ける集団の統治を効率的におこなうため、権力行使が優先されたためにほかならない。一方、歴史的にみて、たとえば中世ヨーロッパにおける印刷技術の普及が、教会により独占されていた聖書を広く大衆に解放し、ルターによる宗教改革を成功に導いたように、水平的ネットワークが拡張する時代にはこの階層性の秩序の崩壊がもたらされた。この考えからすれば、今日の高度なＩＴでつながる時代、「自由」で「平等」なネットワーク社会が招来されるどころか、無秩序の拡大がもたらされるというのが歴史の教訓である。世界各地の国家がつぎつぎと革命の嵐に翻弄されることを望まないのであれば、世界に何らかの階層性の秩序を課すことが必要だ、と。

このことは、ドイツの哲学者マルクス・ガブリエル氏が指摘する次のような認識とも整合的だと思う。つまり、今日の情報ネットワークを通じて不確かな情報が膨大に垂れ流されることで価値の真贋《しんがん》が見失われ、募る政治不信が国家の統治・調整機関としての意義を失わせる。すると、価値や利害を共有できる者どうしが都合のよい世界を求めた集団を形成し、それに便乗したポピュリストリーダーが出現する。これが自分たち以外の価値観を認めようとしない排外主義につながり、他者への恐れや攻撃を助長しているのが現代だ、と。ガブリエル氏はこのことが国家概念の根本的な再編を予言しているという。それはファーガソン氏のいう何らかの階層性の秩序を課していくこととどう関係するだろうか。

## ■統合と分裂の歴史から考える

考古学から歴史を振り返った上で私が注目したいのは、情報ネットワークを介したグローバルで水平的な集団化は、歴史的に集団形成の根本的な理由であった「生存」を目的としていない点である。彼らには集団を維持する生存上の必然性はなく、自らの主張を大きくする以上に協働の必要性も感じられていない。結局のところ、情報ネットワークによる集団化はこれまでみてきたような生存が保障されない者たちによる「個々を抑制し生き延びるための集団化」ではなく、生存の確保とは必ずしも関係なく「理想を共有し発信していくための集団化」という、これまでとはまったく異なる姿ともいえるかもしれない。だとすれば、その行き着く先にあるものは、異なる理想を信ずる者どうしが衝突する分断と無秩序の再来だという先の議論には説得力がある。

これまで述べたように、集団統合のあり方には平等原理によるものと、階層性によるものの二者が対極にある。また、階層的な統合のプロセスは、日本列島の歴史をみても、一度きりではない。階層的に社会を統合していく際にはそれだけの状況と理由が、分裂の際にもそれを求める多くの声があったのだ。統合と分裂の複雑なプロセスの繰り返しであるという観点から、社会の歴史を政治史的にだけではなく、適応や生存という視座で分析することも必要なのだろう。

少なくとも、統合や階層化が必要となった歴史を知ることで、今、著しく拡張した情報ネットワークの中で挙がっている様々な自由や平等を求める声、支配・統治に対する批判の声が何をもたらしうるか、もう少し冷静に想像することも可能になるのではないか。他者とつながること、集団に身を委ね、不自由を甘受することの意義が何であったのかを、こうした長い歴史の観点からもう一度落ち着いてみつめなおしたい。

【参考文献】

ニーアル・ファーガソン（柴田裕之訳）二〇一九『スクエア・アンド・タワー――ネットワークが創り変えた世界』『スクエア・アンド・タワー――権力と革命500年の興亡史』東洋経済新報社
マルクス・ガブリエル、マイケル・ハート、ポール・メイソン（斎藤幸平編）二〇一九『未来への大分岐』集英社

## おわりに

本書では、おもに考古学の研究成果によって明らかになる長期の歴史的視座から、今出来《しゅったい》している、いくつかの問題の本質について考察してきた。じつは、考古学によるこうした試みはこれまで決して多くはなかった。それは日本における考古学研究の性格の問題というよりも、遺跡保護の取り組みの歴史に関係しているかもしれない。

日本では、戦後に推し進められた国土開発に際して、遺跡の保存が大きな課題となった。戦争で傷ついた国を立ち直らせ、これからの未来を歩むために、国土の均衡ある発展がめざされ、広く全国で治水利水・農地整備・宅地造成・工業団地造成・交通通信ネットワーク整備が急がれた。しかし、開発のスピードが速ければ速いほど、自分たちの先祖が残した足跡がつぎつぎに失われていくことに危機感を覚える声が高まったのである。これが一九六〇年代以降に全国各地で活発化した遺跡の保存問題であった。遺跡を守るための法律と行政制度が整備されたのは、こうした経緯があってのことだ。そこで、開発事業から遺跡が保護され、必要な発掘調査がおこなわれることとなった。発掘調査には市民の協力が不可欠だから、得られた成果は社会に広く還元される必要がある。そのために、遺跡から明らかになった歴史を、様々な機会を設けてわかりやすく周知し、考古学と社会をつないでいくべきだと主張されてきた。

こういった経緯で、遺跡保護の取り組みと、郷土教育・学校教育との連携はいちはやく取り組まれ、出前授業から発掘体験まで今日でも幅広い啓発・教育活動がおこなわれている。また、発掘調査では調査期間中にちょうどよい頃合いで調査成果を地域の方々に示す現地説明会をおこなうことが多い。出土した遺物は地域の博物館や埋蔵文化財センターなどで開かれる展覧会を通じてより広く公開されるし、展覧会の理解を促進するような講演会が同時に開催されることもある。調査結果をもとに史跡に指定されて保存されたり、遺跡公園として公開と活用がはかられたりし、さらに遺跡公園では子どもを含めた家族連れを呼び込むような工夫をした各種イベントが開催され、地域の歴史に触れてもらう努力がなされている。これまで日本でおこなわれてきたのは、こうした教育・広報的アプローチが中心であったと東京大学の松田《まつだ》陽《あきら》氏が整理している。

また、近年では発掘調査を通じて知ることとなった事実を、地域の魅力としてまちづくりの材料に積極的に活かしていこうと取り組む地方公共団体も多い。大都市への人口集中がとまらぬまま、人口減少社会に突入した現在、地域社会は何とか若い世代の定住を促進し、観光客を呼び込もうと躍起だが、遺跡が明らかにする地域の歴史も、そうした取り組みに役立つものとして活用しようという動きである。

ただし、考古学の役割はそれだけにとどまらないと思う。本書は、考古学が明らかにする長期の歴史が、今を生きる私たち人類が抱えるいくつもの課題を考える際に、重要な知見をもたらすことを示そうと試みた。歴史時代にとどまらず、はるか先史時代にさかのぼり、生物としてのヒト、社会、文化、環境の関わりの構造を知ろうとするディープヒストリーの試みであり、私たちが議論の出発点としてあたりまえと思っていることが、じつはそうではないのだと示すことをめざした。

本書でみてきたように、ゴミ問題、災害対応、人口問題、これらはどれも約一万年前に移動生活から定住生活に移行していく過程で起こった問題だ。安定した食料を得て定住が可能となったことは人類にとって大きな前進かと思われたが、じつはそう単純な話ではなかった。一方で、先史時代を理想化してとらえることも一面的だ。環境問題は最近になって起こったことだとしても、自然への干渉そのものは先史時代からあった、自然の回復力がそれを上回っていただけにすぎないという見解は妥当であろう。これらの問題の背後にあってメディアを賑わせている気候変動問題も、長い時間幅の中で、今、起こっている現象の意味を理解せねば、いたずらに混乱を招くだけだろう。人と自然との関係について何より重要なことは、人が目の前の自然に適応して生きる時代が過ぎ去り、自らの日常生活が遠く離れた国や地域の環境に影響をもたらす時代にいるということだった。

社会問題ではどうか。「つながり」という言葉をよく見聞きするようになったが、オンラインでの「静かな」つながりへの転換がもたらした社会への影響は小さくない。それもそのはず、私たち現生人類は常に対面的つながりを重視して社会を営んできたからだ。日々の糧を身近な自然から得るにも、人と人との情緒的な「結びつき」が、様々な不測の事態に対応し生活を安定させるしくみとなっていたことを確認してきた。ところが、周囲の野山や海ではなくまったく知らない土地からもたらされた食料を糧とし、人類が未経験であった高度な情報通信技術での「つながり」を体験した今、自らを取り巻く自然環境・社会環境の中でとる行動に対して、自ら責任を実感することのできる社会が、いつのまにか遠くなってしまっているのだ。私たちの社会から失われようとしているのは、情緒により結ばれ、互いに助け合えるしなやかなつながりだということは明らかだった。

ディープヒストリーは、身近な問題に向き合う上でほかでは得られない重要な視座を提供する。近い過去を注視して得られる解はたしかにあるが、現在起こっていることの本質をとらえ、それに対処していく上で、長期の歴史はよい参照枠になるということを覚えておきたい。ディープヒストリーによって得られる答えは直接的で即効性のあるものではない場合が多いかもしれない。しかし、いちど極端に視点を引いて問題を眺めることで、問題そのものを直視するだけでは決して得られない答えを、必ずや浮かび上がらせてくれるはずだ。本書がそうした視点を得るヒントになることを切に願う。

【参考文献】

田中琢　一九八六「総論―現代社会のなかの日本考古学」『岩波講座日本考古学7　現代と考古学』岩波書店
松田陽　二〇一三「パブリック・アーケオロジーの観点から見た考古学、文化財、文化遺産」『考古学研究』六〇―二、一九―三三

## 謝辞

本書を閉じるにあたり、内容の基礎をなす研究を御指導いただいた諸先生、内容についての御助言や図・写真の御提供をいただいた諸先生・諸機関に、お名前を記し深く御礼申し上げたいと思います。

近江俊秀氏（文化庁）、尾田識好氏（東京都埋蔵文化財センター）、國木田大氏（北海道大学）、小林達雄氏（國學院大學名誉教授）、佐藤宏之氏（東京大学）、佐野勝宏氏（東北大学）、神野恵氏（奈良文化財研究所）、堤隆氏（浅間縄文ミュージアム）、西秋良宏氏（東京大学総合研究博物館）、福田正宏氏（東京大学）、森幸一郎氏（鹿児島県立埋蔵文化財センター）、山崎健氏（奈良文化財研究所）

青森県八戸市教育委員会、鹿児島県文化振興財団埋蔵文化財調査センター、鹿児島県立埋蔵文化財センター、神奈川県相模原市教育委員会、神奈川県相模原市立博物館、上伊那考古学会、国立科学博物館、国立歴史民俗博物館、静岡県三島市教育委員会、東京都教育庁、東京都国分寺市教育委員会、東京都世田谷区教育委員会、栃木県佐野市教育委員会、長野県埋蔵文化財センター、長野県立歴史館、奈良文化財研究所、北海道恵庭市教育委員会、北海道遠軽町教育委員会、北海

道知内町教育委員会、北海道千歳市教育委員会、北海道埋蔵文化財センター、宮崎県都城市教育委員会、山形県遊佐町教育委員会

（五十音順）

図7-1
Lee, R. B. and Daly, R.（1999）. *The Cambridge encyclopedia of hunters and gatherers.* Cambridge: Cambridge University Press.
尾本恵市（2016）『ヒトと文明―狩猟採集民から現代を見る』筑摩書房

図8-1
小林達雄（1996）『縄文人の世界』朝日新聞社

図10-4
Sato, H.（2012）Late Pleistocene trap-pit hunting in the Japanese Archipelago. *Quaternary International,* 248, 43-55.
Takahara, H. and Hayashi, R.（2015）Paleovegetation during Marin Isotope stage 3 in East Asia. In Kaifu, Y., Izuho, M., Geobel, T., and Sato, H.（eds.）*Emergence and diversity of modern human behavior in Paleolithic Asia.* pp.314-324. College station, Texas A&M University Press.

図12-2
松藤和人（1974）「瀬戸内技法の再検討」『ふたがみ―二上山北麓石器時代遺跡群分布調査報告』学生社、138-163
高槻市教育委員会（1978）『郡家今城遺跡発掘調査報告書―旧石器時代遺構の調査』高槻市教育委員会

図14-2
渡辺仁（1986）「狩猟採集民集落平面形の体系的分類―社会生態学的・進化的研究」『国立民族学博物館研究報告』11-2、489-541

図15-1
日本旧石器学会（2010）『日本列島の旧石器時代遺跡―日本旧石器（先土器・岩宿）時代遺跡のデータベース』日本旧石器学会

図15-2
国立科学博物館・毎日新聞社（2004）『翡翠展―東洋の至宝』毎日新聞社

図17-1
森先一貴・近江俊秀（2019）『境界の日本史―地域性の違いはどう生まれたか』朝日新聞出版

# 図の出典一覧

図3-2
国立歴史民俗博物館編（2009）『縄文はいつから!?―1万5千年前になにがおこったのか』国立歴史民俗博物館

図4-7
コンドン遺跡　Окладников, А.П.,（1983）. Древнее поселение Кондон. Наука.
ノヴォペトロフカ遺跡　Деревянко А.П.（1970）Новопетровская культура Среднего Амура. Наука.

図5-1
IPCC（2001）*Climate Change 2001*: *Synthesis Report*. Cambridge: Cambridge University Press.

図5-2
NGRIP project members.（2004）. High-resolution record of Northern Hemisphere climate extending into the last interglacial period. *Nature*, 431, 147-151.

図5-4
佐藤宏之・山田哲・出穂雅実（2011）「旧石器時代の狩猟と動物資源」『シリーズ日本列島の三万五千年―人と自然の環境史 野と原の環境史』文一総合出版

図6-1
Lumley, H. de.（1984）. *Art et civilisations des chasseurs de la préhistoire: 34 000-8 000 ans av. J.-C.* Paris: Muséum national d'histoire naturelle.

図6-2
Movius, H. L. Jr.（1948）. The lower palaeolithic qultures of Southern and eastern Asia.*Transactions of the American Philosophical Society*, 38（4）, 329-420.

図6-4
農林水産省編（2020）「全国のいろいろな雑煮」『aff』2020年1月号 https://www.maff.go.jp/j/pr/aff/2001/spe2_03.html

森先 一貴（もりさき・かずき）
1979年京都府生まれ。独立行政法人国立文化財機構奈良文化財研究所・主任研究員。東京大学大学院修了後、奈良文化財研究所研究員、文化庁文化財調査官を経て現職。専門は先史考古学（旧石器時代・縄文時代）。約4万年前に始まる日本列島の後期旧石器時代から縄文時代までの環境適応史を研究中。先史時代の人間行動や社会に関する知識に基づき、現代の諸課題に新たな視点からアプローチすることをめざす。主な著書に『旧石器社会の構造的変化と地域適応』（六一書房、2010）、共著に『境界の日本史——地域性の違いはどう生まれたか』（朝日新聞出版、2019）、『晩氷期の人類社会——北方先史狩猟採集民の適応行動と居住形態』（六一書房、2016）がある。

朝日選書 1024

日本《にほん》列島《れっとう》四万年《よんまんねん》のディープヒストリー
先史考古学《せんしこうこがく》からみた現代《げんだい》

2021年8月25日　第1刷発行

著者　森先 一貴

発行者　三宮博信

発行所　朝日新聞出版
〒104-8011　東京都中央区築地 5-3-2
電話　03-5541-8832（編集）
03-5540-7793（販売）

印刷所　大日本印刷株式会社


ISBN978-4-02-263111-4
定価はカバーに表示してあります。

落丁・乱丁の場合は弊社業務部（電話 03-5540-7800）へご連絡ください。
送料弊社負担にてお取り替えいたします。

日韓関係論草稿
ふたつの国の溝を埋めるために
徐正敏
三・一独立運動は、日本を責めない非暴力の訴えだった

新自由主義にゆがむ公共政策
生活者のための政治とは何か
新藤宗幸
政権主導で起きたのは、官僚制と公共政策の劣化だった

人がつなぐ源氏物語
藤原定家の写本からたどる物語の千年
伊井春樹
なぜ定家の「青表紙本」が決定版となったのか

ナショナリズムを陶冶する
ドイツから日本への問い
藤田直央
ドイツの理想と現実から見える「健全な」道標とは

asahi sensho

貧困・介護・育児の政治
ベーシックアセットの福祉国家へ
宮本太郎
福祉政治論の第一人者が政策の構図を解き、活路を導く

巨大企業の呪い
ビッグテックは世界をどう支配してきたか
ティム・ウー／秋山勝訳
巨大企業が独占する現状を打開するための5つの方針

国民義勇戦闘隊と学徒隊
隠蔽された「一億総特攻」
斉藤利彦
終戦直前の「国民皆兵」計画。新資料がその全貌に迫る

ようこそ地獄、奇妙な地獄
星瑞穂
説話や絵図とともに地獄を巡り、日本人の死生観を辿る